Europäisches Parlament, Rat der Europäischen Union

Richtlinie 2013/11/EU des Europäischen Parlaments und des Rates vom 21. Mai 2013

über die alternative Beilegung verbraucherrechtlicher Streitigkeiten und zur Änderung der Verordnung (EG) Nr. 2006/2004 und der Richtlinie 2009/22/EG (Richtlinie [...]

AP

Antiphon Verlag

Europäisches Parlament, Rat der Europäischen Union

Richtlinie 2013/11/EU des Europäischen Parlaments und des Rates vom 21. Mai 2013

über die alternative Beilegung verbraucherrechtlicher Streitigkeiten und zur Änderung der Verordnung (EG) Nr. 2006/2004 und der Richtlinie 2009/22/EG (Richtlinie [...]

1. Auflage 2026 | ISBN: 978-3-38798-663-1

Antiphon Verlag ist ein Imprint der Antiquum Novum Verlag.

Verlag: Antiquum Novum Verlag UG (haftungsbeschränkt), Im Erlengrund 6a, 35510 Butzbach, Deutschland,
info@antiquum-novum.de
Vertretungsberechtigt: E. Roepke, Zeilweg 44, 60439 Frankfurt, Deutschland
Druck: Libri Plureos GmbH, Friedensallee 273, 22763 Hamburg, Deutschland

RICHTLINIEN

RICHTLINIE 2013/11/EU DES EUROPÄISCHEN PARLAMENTS UND DES RATES

vom 21. Mai 2013

über die alternative Beilegung verbraucherrechtlicher Streitigkeiten und zur Änderung der Verordnung (EG) Nr. 2006/2004 und der Richtlinie 2009/22/EG

(Richtlinie über alternative Streitbeilegung in Verbraucherangelegenheiten)

DAS EUROPÄISCHE PARLAMENT UND DER RAT DER EUROPÄISCHEN UNION —

gestützt auf den Vertrag über die Arbeitsweise der Europäischen Union, insbesondere auf Artikel 114,

auf Vorschlag der Europäischen Kommission,

nach Zuleitung des Entwurfs des Gesetzgebungsakts an die nationalen Parlamente,

nach Stellungnahme des Europäischen Wirtschafts- und Sozialausschusses ([1]),

gemäß dem ordentlichen Gesetzgebungsverfahren ([2]),

in Erwägung nachstehender Gründe:

(1) Gemäß Artikel 169 Absatz 1 und Artikel 169 Absatz 2 Buchstabe a des Vertrags über die Arbeitsweise der Europäischen Union (AEUV) leistet die Union durch Maßnahmen, die sie nach Artikel 114 AEUV erlässt, einen Beitrag zur Erreichung eines hohen Verbraucherschutzniveaus. Gemäß Artikel 38 der Charta der Grundrechte der Europäischen Union stellt die Politik der Union ein hohes Verbraucherschutzniveau sicher.

(2) Gemäß Artikel 26 Absatz 2 AEUV soll der Binnenmarkt einen Raum ohne Binnengrenzen umfassen, in dem der freie Verkehr von Waren und Dienstleistungen gewährleistet ist. Der Binnenmarkt sollte den Verbrauchern zusätzlichen Nutzen in Form besserer Qualität, größerer Vielfalt, angemessener Preise und hoher Sicherheitsstandards für Waren und Dienstleistungen bringen, was für ein hohes Verbraucherschutzniveau sorgen sollte.

(3) Die Zersplitterung des Binnenmarkts ist nachteilig für die Wettbewerbsfähigkeit, das Wachstum und die Schaffung von Arbeitsplätzen in der Union. Für die Vollendung des Binnenmarkts ist es unerlässlich, direkte und indirekte Hemmnisse für das reibungslose Funktionieren des Binnenmarkts zu beseitigen und das Vertrauen der Bürger zu stärken.

(4) Die Gewährleistung des Zugangs zu einfachen, effizienten, schnellen und kostengünstigen Möglichkeiten der Beilegung inländischer und grenzübergreifender Streitigkeiten, die sich aus Kauf- oder Dienstleistungsverträgen ergeben, sollte Verbrauchern zugute kommen und somit ihr Vertrauen in den Markt stärken. Dieser Zugang sollte sich sowohl auf online als auch offline getätigte Rechtsgeschäfte beziehen und ist besonders wichtig, wenn Verbraucher über die Grenzen hinweg einkaufen.

(5) Alternative Streitbeilegung (im Folgenden „AS") ist eine einfache, schnelle und kostengünstige Möglichkeit der außergerichtlichen Beilegung von Streitigkeiten zwischen Verbrauchern und Unternehmern. Allerdings ist AS noch nicht in der gesamten Union hinreichend und durchgängig entwickelt. Es ist bedauerlich, dass trotz der Empfehlung der Kommission 98/257/EG vom 30. März 1998 betreffend die Grundsätze für Einrichtungen, die für die außergerichtliche Beilegung von Verbraucherrechtsstreitigkeiten zuständig sind ([3]), und der Empfehlung der Kommission 2001/310/EG vom 4. April 2001 über die Grundsätze für an der einvernehmlichen Beilegung von Verbraucherrechtsstreitigkeiten beteiligte außergerichtliche Einrichtungen ([4]), AS nicht in ordnungsgemäßer Weise aufgebaut worden ist und nicht in allen geografischen Gebieten oder Wirtschaftssektoren in der Union zufriedenstellend funktionieren. Verbraucher und Unternehmer haben noch keine Kenntnis über bestehende alternative Rechtsbehelfsverfahren, und nur ein geringer Anteil der Bürger weiß, wie eine Beschwerde bei einer AS-Stelle einzureichen ist. Sofern AS-Verfahren zur Verfügung stehen, haben sie in den verschiedenen Mitgliedstaaten ein sehr unterschiedliches Qualitätsniveau, und grenzübergreifende Streitigkeiten werden von den AS-Stellen oft nicht effektiv bearbeitet.

(6) Die Unterschiede der AS in Bezug auf Flächendeckung, Qualität und Bekanntheit in den Mitgliedstaaten stellen ein Hindernis für den Binnenmarkt dar und sind einer der Gründe dafür, weshalb viele Verbraucher nicht über die Grenzen hinweg einkaufen und nicht darauf vertrauen, dass mögliche Streitigkeiten mit Unternehmern auf einfache, schnelle und kostengünstige Weise beigelegt werden können. Aus den gleichen Gründen verkaufen Unternehmer möglicherweise nicht an Verbraucher in anderen Mitgliedstaaten, in denen kein ausreichender Zugang zu hochwertigen AS-Verfahren besteht. Ferner haben Unternehmer, die in einem Mitgliedstaat niedergelassen sind, in dem hochwertige AS-Verfahren nicht in

([1]) ABl. C 181 vom 21.6.2012, S. 93.
([2]) Standpunkt des Europäischen Parlaments vom 12. März 2013 (noch nicht im Amtsblatt veröffentlicht) und Beschluss des Rates vom 22. April 2013.
([3]) ABl. L 115 vom 17.4.1998, S. 31.
([4]) ABl. L 109 vom 19.4.2001, S. 56.

ausreichendem Maß zur Verfügung stehen, einen Wettbewerbsnachteil gegenüber Unternehmern, die Zugang zu solchen Verfahren haben und somit verbraucherrechtliche Streitigkeiten schneller und kostengünstiger beilegen können.

(7) Damit Verbraucher die Möglichkeiten des Binnenmarkts voll nutzen können, sollte AS für alle Arten der von dieser Richtlinie erfassten inländischen und grenzübergreifenden Streitigkeiten zur Verfügung stehen, sollten AS-Verfahren in der gesamten Union geltenden einheitlichen Qualitätsanforderungen entsprechen und sollten Verbraucher und Unternehmer von diesen Verfahren Kenntnis haben. Wegen des gestiegenen grenzübergreifenden Handels und Personenverkehrs ist es auch wichtig, dass AS-Stellen grenzübergreifende Streitigkeiten effektiv bearbeiten.

(8) Wie vom Europäischen Parlament in seiner Entschließung vom 25. Oktober 2011 zu der alternativen Streitbeilegung in Zivil-, Handels- und Familiensachen und seiner Entschließung vom 20. Mai 2010 zur Schaffung eines Binnenmarkts für Verbraucher und Bürger befürwortet, sollte jeder ganzheitliche Ansatz in Bezug auf den Binnenmarkt, der Ergebnisse für seine Bürger abwirft, vorrangig ein einfaches, kostengünstiges, zweckmäßiges und zugängliches System des Rechtsschutzes schaffen.

(9) In ihrer Mitteilung vom 13. April 2011 mit dem Titel „Binnenmarktakte — Zwölf Hebel zur Förderung von Wachstum und Vertrauen — ‚Gemeinsam für neues Wachstum' " bezeichnete die Kommission Rechtsvorschriften über AS auch für den elektronischen Geschäftsverkehr als einen der zwölf Hebel zur Förderung des Wachstums und des Vertrauens in den Binnenmarkt sowie der Fortschritte zu seiner Vollendung.

(10) In seinen Schlussfolgerungen vom 24.-25. März und vom 23. Oktober 2011 hat der Europäische Rat das Europäische Parlament und den Rat aufgefordert, bis Ende 2012 ein erstes Bündel vorrangiger Maßnahmen zu verabschieden, um dem Binnenmarkt neue Impulse zu geben. In seinen Schlussfolgerungen vom 30. Mai 2011 zu den Prioritäten für die Neubelebung des Binnenmarktes hat der Rat der Europäischen Union darüber hinaus die Bedeutung des elektronischen Geschäftsverkehrs hervorgehoben und zugestimmt, dass die verbraucherrechtlichen AS-Systeme kostengünstigen, einfachen und schnellen Rechtsschutz für Verbraucher und Unternehmer ermöglichen können. Die erfolgreiche Einführung dieser Systeme erfordert nachhaltiges politisches Engagement und Förderung seitens aller Akteure, ohne die Erschwinglichkeit, Transparenz, Flexibilität, Geschwindigkeit und Qualität der Entscheidungsfindung der AS-Stellen, die in den Anwendungsbereich dieser Richtlinie fallen, zu gefährden.

(11) Angesichts der zunehmenden Bedeutung des elektronischen Geschäftsverkehrs und insbesondere des grenzübergreifenden Handels als eine Säule der Wirtschaftstätigkeit der Union sind eine gut funktionierende AS-Infrastruktur für verbraucherrechtliche Streitigkeiten und ein angemessen berücksichtigter Rahmen zur Online-Streitbeilegung (im Folgenden „OS") für verbraucherrechtliche Streitigkeiten, die sich aus Online-Rechtsgeschäften ergeben, notwendig, um das Ziel der Binnenmarktakte, die Stärkung des Vertrauens der Bürger in den Binnenmarkt, zu erreichen.

(12) Diese Richtlinie und die Verordnung (EU) Nr. 524/2013 des Europäischen Parlaments und des Rates vom 21. Mai 2013 über die Online-Beilegung verbraucherrechtlicher Streitigkeiten [1] sind zwei Gesetzgebungsinstrumente, die in einem engen Zusammenhang stehen und einander ergänzen. In der Verordnung (EU) Nr. 524/2013 ist die Einrichtung einer Plattform für die Online-Streitbeilegung (im Folgenden „OS-Plattform") vorgesehen, die Verbrauchern und Unternehmern eine zentrale Anlaufstelle für die außergerichtliche Beilegung von Online-Streitigkeiten — durch AS-Stellen, die mit der Plattform verknüpft sind und AS mittels hochwertiger AS-Verfahren bereitstellen — bietet. Die Verfügbarkeit hochwertiger AS-Stellen in der gesamten Union ist somit eine Vorbedingung für das ordnungsgemäße Funktionieren der OS-Plattform.

(13) Diese Richtlinie sollte nicht für nichtwirtschaftliche Dienstleistungen von allgemeinem Interesse gelten. Nichtwirtschaftliche Dienstleistungen sind Dienstleistungen, die nicht für eine wirtschaftliche Gegenleistung erbracht werden. Daher sollten nichtwirtschaftliche Dienstleistungen von allgemeinem Interesse, die vom Staat oder im Namen des Staates ohne Entgelt erbracht werden, unabhängig von der Rechtsform, durch die diese Dienstleistungen erbracht werden, nicht unter diese Richtlinie fallen.

(14) Diese Richtlinie sollte darüber hinaus nicht für Gesundheitsdienstleistungen im Sinne des Artikels 3 Buchstabe a der Richtlinie 2011/24/EU des Europäischen Parlaments und des Rates vom 9. März 2011 über die Ausübung der Patientenrechte in der grenzüberschreitenden Gesundheitsversorgung [2] gelten.

(15) Die Entwicklung einer gut funktionierenden AS innerhalb der Union ist notwendig, um das Vertrauen der Verbraucher in den Binnenmarkt — unter Einschluss des elektronischen Geschäftsverkehrs — zu stärken und das Potenzial und die Möglichkeiten des grenzübergreifenden und elektronischen Handels in der Praxis auszuschöpfen. Diese Entwicklung sollte unter Wahrung der jeweiligen innerstaatlichen Rechtstraditionen auf den vorhandenen AS-Verfahren in den Mitgliedstaaten aufbauen. Sowohl bestehende als auch neu eingerichtete gut funktionierende Streitbeilegungsstellen, die den Qualitätsanforderungen dieser Richtlinie entsprechen, sollten als „AS-Stellen" im Sinne dieser Richtlinie angesehen werden. Die Verbreitung der AS kann außerdem für jene Mitgliedstaaten von Bedeutung sein, in denen es einen beträchtlichen Rückstand an anhängigen Gerichtsverfahren gibt, wodurch Unionsbürgern das Recht auf einen fairen Prozess innerhalb einer angemessenen Frist vorenthalten wird.

(16) Diese Richtlinie sollte für Streitigkeiten zwischen Verbrauchern und Unternehmern über vertragliche Verpflichtungen gelten, die sich aus sowohl online als auch offline geschlossenen Kaufverträgen oder Dienstleitungsverträgen in allen Wirtschaftssektoren außer den

(1) Siehe Seite 1dieses Amtsblatts.
(2) ABl. L 88 vom 4.4.2011, S. 45.

ausgenommenen Sektoren ergeben. Dazu sollten Streitigkeiten gehören, die sich aus dem Verkauf oder der Bereitstellung digitaler Inhalte gegen Entgelt ergeben. Diese Richtlinie sollte für Beschwerden von Verbrauchern gegen Unternehmer gelten. Sie sollte nicht für Beschwerden von Unternehmern gegen Verbraucher oder für Streitigkeiten zwischen Unternehmern gelten. Allerdings sollte sie die Mitgliedstaaten nicht daran hindern, Bestimmungen über Verfahren zur außergerichtlichen Beilegung solcher Streitigkeiten einzuführen oder beizubehalten.

(17) Die Mitgliedstaaten sollten nationale Bestimmungen für nicht unter diese Richtlinie fallende Verfahren beibehalten oder einführen können, wie interne Beschwerdeverfahren, die vom Unternehmer betrieben werden. Solche internen Beschwerdeverfahren können ein effektives Mittel zur frühzeitigen Beilegung verbraucherrechtlicher Streitigkeiten darstellen.

(18) Die Definition des Begriffs „Verbraucher" sollte natürliche Personen, die außerhalb ihrer gewerblichen, geschäftlichen, handwerklichen oder beruflichen Tätigkeit handeln, umfassen. Wird ein Vertrag jedoch teils im Rahmen, teils außerhalb des Rahmens des Gewerbes einer Person abgeschlossen (Verträge mit doppeltem Zweck) und ist der gewerbliche Zweck so gering, dass er im Gesamtkontext des Geschäfts als nicht überwiegend erscheint, sollte die betreffende Person ebenfalls als Verbraucher gelten.

(19) Einige bestehende Rechtsakte der Union enthalten bereits Bestimmungen über AS. Damit für Rechtssicherheit gesorgt ist, sollte vorgesehen werden, dass diese Richtlinie bei Kollisionen Vorrang hat, außer es ist in ihr ausdrücklich etwas anderes vorgesehen. Insbesondere sollte diese Richtlinie die Richtlinie 2008/52/EG des Europäischen Parlaments und des Rates vom 21. Mai 2008 über bestimmte Aspekte der Mediation in Zivil- und Handelssachen ([1]) nicht berühren, die bereits einen Rahmen für Mediationssysteme auf Unionsebene für grenzübergreifende Streitfälle schafft, ohne dass die Anwendung jener Richtlinie auf interne Mediationssysteme ausgeschlossen wird. Die vorliegende Richtlinie soll horizontal für alle Arten von AS-Verfahren gelten, einschließlich der von der Richtlinie 2008/52/EG erfassten AS-Verfahren.

(20) Nicht nur innerhalb der Union, sondern auch innerhalb der Mitgliedstaaten gibt es sehr unterschiedliche AS-Stellen. Diese Richtlinie sollte für alle gemäß dieser Richtlinie in einer Liste geführten Stellen gelten, die auf Dauer eingerichtet sind und die Beilegung von Streitigkeiten zwischen einem Verbraucher und einem Unternehmer in einem AS-Verfahren anbieten. Diese Richtlinie kann auch, wenn die Mitgliedstaaten dies beschließen, Streitbeilegungsstellen erfassen, die den Parteien verbindliche Lösungen auferlegen. Ein außergerichtliches Verfahren, das ad hoc für eine einzelne Streitigkeit zwischen einem Verbraucher und einem Unternehmer eingerichtet wird, sollte jedoch nicht als AS-Verfahren gelten.

(21) Innerhalb der Union und auch innerhalb der Mitgliedstaaten gibt es ebenso sehr unterschiedliche AS-Verfahren. Dies können Verfahren sein, mit denen eine AS-Stelle die Parteien mit dem Ziel zusammenbringt, sie zu einer gütlichen Einigung zu veranlassen, oder Verfahren, mit denen eine AS-Stelle eine Lösung vorschlägt, oder Verfahren, mit denen eine AS-Stelle eine Lösung auferlegt. Es kann sich auch um eine Kombination von zwei oder mehr derartigen Verfahren handeln. Diese Richtlinie sollte die Gestalt der AS-Verfahren in den Mitgliedstaaten unberührt lassen.

(22) Verfahren vor Streitbeilegungsstellen, bei denen die mit der Streitbeilegung betrauten natürlichen Personen ausschließlich vom Unternehmer beschäftigt werden oder ausschließlich von diesem irgendeine Art von Vergütung erhalten, sind häufig einem Interessenkonflikt ausgesetzt. Daher sollten diese Verfahren grundsätzlich aus dem Anwendungsbereich dieser Richtlinie ausgenommen werden, es sei denn, ein Mitgliedstaat beschließt, dass diese Verfahren als AS-Verfahren gemäß dieser Richtlinie anerkannt werden können, und sofern diese Stellen den in dieser Richtlinie dargelegten spezifischen Anforderungen in Bezug auf Unabhängigkeit und Unparteilichkeit vollständig genügen. AS-Stellen, die eine Streitbeilegung im Wege derartiger Verfahren anbieten, sollten einer regelmäßigen Bewertung hinsichtlich ihrer Erfüllung der Qualitätsanforderungen dieser Richtlinie, einschließlich der besonderen zusätzlichen Anforderungen, mit denen ihre Unabhängigkeit sichergestellt wird, unterworfen werden.

(23) Diese Richtlinie sollte weder für Verfahren vor vom Unternehmer betriebenen Verbraucherbeschwerdestellen noch für unmittelbare Verhandlungen zwischen den Parteien gelten. Außerdem sollte sie nicht in Fällen gelten, in denen ein Richter im Rahmen eines Gerichtsverfahrens versucht, eine gütliche Einigung herbeizuführen.

(24) Die Mitgliedstaaten sollten dafür sorgen, dass unter diese Richtlinie fallende Streitigkeiten einer AS-Stelle vorgelegt werden können, die die Anforderungen dieser Richtlinie erfüllt und gemäß der Richtlinie in einer Liste geführt wird. Die Mitgliedstaaten sollten die Möglichkeit haben, dieser Pflicht dadurch nachzukommen, dass sie entweder auf bereits bestehende gut funktionierende AS-Stellen zurückgreifen und gegebenenfalls deren Zuständigkeitsbereich anpassen, oder dadurch, dass sie die Einrichtung neuer AS-Stellen vorsehen. Diese Richtlinie sollte die Arbeit bestehender Streitbeilegungsstellen, die im Rahmen nationaler Verbraucherschutzbehörden der Mitgliedstaaten tätig sind, nicht einschränken, sofern dort staatliche Bedienstete mit der Streitbeilegung betraut sind. Staatliche Bedienstete sollten als Vertreter sowohl der Verbraucher- als auch der Unternehmerinteressen gelten. Diese Richtlinie sollte die Mitgliedstaaten nicht zur Schaffung einer speziellen AS-Stelle für jeden Einzelhandelssektor verpflichten. Falls dies erforderlich ist, um die vollständige sektorspezifische und geografische Abdeckung durch AS und den Zugang zu AS zu gewährleisten, sollten die Mitgliedstaaten die Möglichkeit haben, die Einrichtung einer ergänzenden AS-Stelle vorzusehen, die für diejenigen Streitigkeiten zuständig ist, die nicht in die Zuständigkeit anderer spezieller AS-Stellen fallen. Ergänzende AS-Stellen sollen Verbrauchern und Unternehmern Sicherheit bieten, indem gewährleistet wird, dass keine Lücken hinsichtlich des Zugangs zu AS-Stellen bestehen.

([1]) ABl. L 136 vom 24.5.2008, S. 3.

(25) Diese Richtlinie sollte die Mitgliedstaaten nicht daran hindern, Rechtsvorschriften über Verfahren zur außergerichtlichen Beilegung von verbrauchervertraglichen Streitigkeiten beizubehalten oder einzuführen, die den in dieser Richtlinie festgelegten Anforderungen genügen. Darüber hinaus sollten AS-Stellen im Hinblick auf ihren effektiven Betrieb die Möglichkeit haben, im Einklang mit den Rechtsvorschriften des Mitgliedstaats, in dem sie eingerichtet sind, Verfahrensregeln beizubehalten oder einzuführen, nach denen sie unter bestimmten Umständen ablehnen können, sich mit Streitigkeiten zu befassen, beispielsweise wenn eine Streitigkeit zu komplex ist und deshalb besser vor Gericht gelöst werden sollte. Verfahrensregeln, die es den AS-Stellen ermöglichen, die Behandlung einer Streitigkeit abzulehnen, sollten jedoch den Zugang der Verbraucher zu AS-Verfahren nicht erheblich beeinträchtigen, einschließlich im Fall von grenzübergreifenden Streitigkeiten. Die Mitgliedstaaten sollten daher bei der Festlegung von Schwellenbeträgen stets berücksichtigen, dass der tatsächliche Wert des Streitgegenstandes in den einzelnen Mitgliedstaaten unterschiedlich sein kann und die Festlegung eines unverhältnismäßig hohen Schwellenwertes in einem Mitgliedstaat den Zugang zu AS-Verfahren für Verbraucher aus anderen Mitgliedstaaten beeinträchtigen könnte. Die Mitgliedstaaten sollten nicht verpflichtet sein, dafür zu sorgen, dass der Verbraucher seine Beschwerde bei einer anderen AS-Stelle einreichen kann, wenn eine AS-Stelle, bei der die Beschwerde zuerst eingereicht wurde, es aufgrund ihrer Verfahrensregeln abgelehnt hat, sich damit zu befassen. In solchen Fällen sollte gelten, dass die Mitgliedstaaten ihrer Pflicht zur Gewährleistung der vollständigen Abdeckung der AS-Stellen nachgekommen sind.

(26) Diese Richtlinie sollte es ermöglichen, dass in einem Mitgliedstaat niedergelassene Unternehmer in den Zuständigkeitsbereich einer AS-Stelle fallen, die in einem anderen Mitgliedstaat niedergelassen ist. Um die Abdeckung und den Zugang der Verbraucher zu AS in der Union zu verbessern, sollten die Mitgliedstaaten die Möglichkeit haben, zu beschließen, sich auf AS-Stellen mit Sitz in einem anderen Mitgliedstaat oder regionale, länderübergreifende oder europaweite AS-Stellen zu stützen, wenn Unternehmer aus unterschiedlichen Mitgliedstaaten in den Zuständigkeitsbereich derselben AS-Stelle fallen. Die Inanspruchnahme von AS-Stellen mit Sitz in einem anderen Mitgliedstaat oder länderübergreifender oder europaweiter AS-Stellen sollte jedoch unbeschadet der Verantwortung der Mitgliedstaaten erfolgen, die vollständige Abdeckung durch und den Zugang zu AS-Stellen zu gewährleisten.

(27) Diese Richtlinie sollte das Recht der Mitgliedstaaten zur Beibehaltung oder Einführung von AS-Verfahren zur Beilegung mehrerer gleicher oder ähnlicher Streitigkeiten zwischen einem Unternehmer und mehreren Verbrauchern unberührt lassen. Umfassende Folgenabschätzungen zu kollektiven außergerichtlichen Vergleichen sollten durchgeführt werden, bevor diese Vergleiche auf Unionsebene vorgeschlagen werden. Ein effektives System des kollektiven Rechtsschutzes und der leichte Zugang zu AS sollten einander ergänzende und nicht sich gegenseitig ausschließende Verfahren sein.

(28) Die Verarbeitung von Informationen über unter diese Richtlinie fallende Streitigkeiten sollte mit den Regelungen zum Schutz persönlicher Daten vereinbar sein, die von den Mitgliedstaaten durch Rechts- oder Verwaltungsvorschriften zur Umsetzung der Richtlinie 95/46/EG des Europäischen Parlaments und des Rates vom 24. Oktober 1995 zum Schutz natürlicher Personen bei der Verarbeitung personenbezogener Daten und zum freien Datenverkehr ([1]) erlassen wurden.

(29) Vertraulichkeit und Privatsphäre sollten während des AS-Verfahrens jederzeit gewährleistet sein. Die Mitgliedstaaten sollten zum Schutz der Vertraulichkeit der AS-Verfahren in nachfolgenden zivil- und handelsrechtlichen Gerichts- oder Schiedsverfahren angeregt werden.

(30) Die Mitgliedstaaten sollten gleichwohl gewährleisten, dass AS-Stellen alle systematischen oder signifikanten Problemstellungen, die häufig auftreten und zu Streitigkeiten zwischen Verbrauchern und Unternehmern führen, öffentlich zugänglich machen. Die diesbezüglichen Informationen könnten von Empfehlungen begleitet sein, wie derartige Probleme in Zukunft vermieden oder gelöst werden können, um die Standards der Unternehmer zu erhöhen und den Austausch von Informationen und bewährten Verfahren zu fördern.

(31) Die Mitgliedstaaten sollten gewährleisten, dass AS-Stellen in Bezug auf Verbraucher und Unternehmer Streitigkeiten in fairer, praktischer und verhältnismäßiger Art und Weise auf der Grundlage einer objektiven Bewertung der Umstände der Beschwerde und unter gebührender Berücksichtigung der Rechte der Parteien beilegen.

(32) Die Unabhängigkeit und Integrität der AS-Stellen ist wesentlich für das Vertrauen der Bürger darin, dass AS-Verfahren ihnen ein faires und unabhängiges Ergebnis ermöglichen. Die natürlichen Personen oder kollegialen Gremien, die für AS verantwortlich sind, sollten unabhängig von all denen sein, die ein Interesse am Ergebnis haben könnten; sie sollten darüber hinaus keinem Interessenkonflikt unterworfen sein, der sie davon abhalten könnte, eine Entscheidung in fairer, unparteiischer und unabhängiger Art und Weise zu treffen.

(33) Die mit AS betrauten natürlichen Personen sollten nur dann als unparteiisch gelten, wenn auf sie kein Druck ausgeübt werden kann, der ihre Haltung gegenüber der Streitigkeit beeinflussen könnte. Um die Unabhängigkeit ihres Handelns zu gewährleisten, sollten diese Personen auch für einen ausreichend langen Zeitraum berufen werden, und sie sollten an keine Weisungen einer Partei oder ihrer Vertreter gebunden sein.

(34) Damit keine Interessenkonflikte auftreten, sollten die mit AS betrauten natürlichen Personen alle Umstände offenlegen, die geeignet sind, ihre Unabhängigkeit und Unparteilichkeit zu beeinträchtigen oder Interessenkonflikte mit einer der Parteien der Streitigkeit, die sie beilegen sollen, entstehen zu lassen. Hierbei könnte es sich um ein direktes oder indirektes finanzielles Interesse am Ausgang des AS-Verfahrens oder um eine persönliche oder geschäftliche Beziehung mit einer oder mehreren der Parteien innerhalb der drei Jahre vor Beginn der Amtszeit der betreffenden natürlichen Personen, einschließlich ihrer Tätigkeit — außer zum Zweck der AS — für einen Berufs- oder Wirtschaftsverband, dessen Mitglied eine der Parteien ist, oder für ein anderes Mitglied des Berufs- oder Wirtschaftsverbands handeln.

([1]) ABl. L 281 vom 23.11.1995, S. 31.

(35) Es muss insbesondere dafür gesorgt werden, dass kein derartiger Druck vorhanden ist, wenn die mit AS betrauten natürlichen Personen vom Unternehmer beschäftigt werden oder von diesem irgendeine Art von Vergütung erhalten. Daher sollten spezifische Anforderungen für den Fall vorgesehen werden, dass die Mitgliedstaaten beschließen, dass Streitbeilegungsverfahren als AS-Verfahren gemäß dieser Richtlinie gelten können. Wenn mit der AS betraute natürliche Personen ausschließlich von einem Berufs- oder Wirtschaftsverband, dessen Mitglied der Unternehmer ist, beschäftigt werden oder irgendeine Art von Vergütung erhalten, sollten ihnen ein getrennter zweckgebundener Haushalt in ausreichender Höhe für die Ausübung ihrer Aufgaben zur Verfügung stehen.

(36) Für den Erfolg der AS und besonders für das nötige Vertrauen in die sie betreffenden AS-Verfahren ist es entscheidend, dass die mit der AS betrauten natürlichen Personen über das erforderliche Fachwissen, einschließlich eines allgemeinen Rechtsverständnisses, verfügen. Insbesondere sollten diese Personen über ausreichende allgemeine Rechtskenntnisse verfügen, um die rechtlichen Folgen der Streitigkeit zu verstehen, wobei es nicht erforderlich sein sollte, dass sie für den Berufsstand der Juristen qualifiziert sind.

(37) Die Anwendung bestimmter Qualitätsgrundsätze auf AS-Verfahren stärkt das Vertrauen sowohl der Verbraucher als auch der Unternehmer in diese Verfahren. Solche Qualitätsgrundsätze wurden auf Unionsebene erstmals in den Empfehlungen 98/257/EG und 2001/310/EG entwickelt. Diese Richtlinie verleiht einigen der in den genannten Empfehlungen der Kommission verankerten Grundsätzen Verbindlichkeit und legt damit ein Bündel von Qualitätsanforderungen fest, die für alle AS-Verfahren gelten, die von einer der Kommission gemeldeten AS-Stelle durchgeführt werden.

(38) Diese Richtlinie sollte Qualitätsanforderungen für AS-Stellen schaffen, die das gleiche Schutzniveau und die gleichen Rechte für die Verbraucher sowohl bei inländischen als auch bei grenzübergreifenden Streitigkeiten gewährleisten sollten. Die Richtlinie sollte die Mitgliedstaaten nicht daran hindern, Vorschriften zu erlassen oder beizubehalten, die über die Regelungen in dieser Richtlinie hinausgehen.

(39) AS-Stellen sollten zugänglich und transparent sein. Zur Gewährleistung der Transparenz von AS-Stellen und AS-Verfahren ist es erforderlich, dass die Parteien vor einer etwaigen Einleitung eines AS-Verfahrens klare und zugängliche Informationen erhalten, die sie benötigen, um eine fundierte Entscheidung treffen zu können. Die Bereitstellung dieser Informationen für Unternehmer sollte nicht verpflichtend sein, wenn ihre Teilnahme an AS-Verfahren durch nationales Recht vorgeschrieben ist.

(40) Gut funktionierende AS-Stellen sollten online und offline Streitbeilegungsverfahren zügig innerhalb von 90 Kalendertagen abschließen, gerechnet vom Zeitpunkt des Eingangs der vollständigen Beschwerdeakte mit allen einschlägigen Unterlagen zu der betreffenden Beschwerde bei der AS-Stelle bis zu dem Zeitpunkt, zu dem das Ergebnis des AS-Verfahrens bekannt gegeben wird. Die AS-Stelle, bei der eine Beschwerde eingereicht wurde, sollte die Parteien benachrichtigen, nachdem sie alle zur Durchführung des AS-Verfahrens nötigen Unterlagen erhalten hat. In hoch komplexen Ausnahmefällen, einschließlich in Fällen, in denen eine der Parteien aus berechtigten Gründen nicht an dem AS-Verfahren teilnehmen kann, sollten die AS-Stellen die Möglichkeit haben, die Frist zwecks Prüfung des jeweiligen Falls zu verlängern. Die Parteien sind von jeder derartigen Fristverlängerung und von der zu erwartenden Zeitspanne bis zur Beilegung der Streitigkeit zu unterrichten.

(41) AS-Verfahren sollten für Verbraucher vorzugsweise kostenlos sein. Werden Kosten geltend gemacht, sollten die AS-Verfahren für die Verbraucher zugänglich, attraktiv und mit niedrigen Kosten verbunden sein. Daher sollten die Kosten eine Schutzgebühr nicht übersteigen.

(42) AS-Verfahren sollten fair sein, sodass die Parteien einer Streitigkeit in vollem Umfang über ihre Rechte und die Folgen von Entscheidungen, die sie im Rahmen eines AS-Verfahrens treffen, informiert sind. AS-Stellen sollten die Verbraucher über ihre Rechte informieren, bevor sie einer vorgeschlagenen Lösung zustimmen oder diese befolgen. Beide Parteien sollten ihre Angaben und Nachweise auch einreichen können, ohne persönlich anwesend zu sein.

(43) Eine Vereinbarung zwischen einem Verbraucher und einem Unternehmer darüber, Beschwerden bei einer AS-Stelle einzureichen, sollte für den Verbraucher nicht bindend sein, wenn sie vor dem Entstehen der Streitigkeit getroffen wurde und wenn sie dazu führt, dass dem Verbraucher das Recht entzogen wird, die Gerichte für die Beilegung des Streitfalls anzurufen. Ferner sollte bei AS-Verfahren, bei denen die Streitigkeit durch das Auferlegen einer verbindlichen Lösung beigelegt werden soll, die auferlegte Lösung nur dann verbindlich für die Parteien sein, wenn die Parteien vorher über den verbindlichen Charakter der Lösung informiert wurden und sie dies ausdrücklich akzeptiert haben. Die ausdrückliche Zustimmung des Unternehmers sollte nicht erforderlich sein, wenn in den nationalen Rechtsvorschriften bestimmt ist, dass diese Lösungen für die Unternehmer verbindlich sind.

(44) In AS-Verfahren, bei denen die Streitigkeit beigelegt werden soll, indem dem Verbraucher eine Lösung auferlegt wird, sollte die auferlegte Lösung — sofern keine Rechtskollision vorliegt — nicht dazu führen, dass der Verbraucher den Schutz verliert, der ihm durch die Bestimmungen gewährt wird, von denen gemäß dem Recht des Mitgliedstaats, in dem der Verbraucher und der Unternehmer ihren gewöhnlichen Aufenthalt haben, nicht durch Vereinbarung abgewichen werden darf. Liegt eine Rechtskollision vor, bei der das für den Kauf- oder Dienstleistungsvertrag geltende Recht gemäß Artikel 6 Absätze 1 und 2 der Verordnung (EG) Nr. 593/2008 des Europäischen Parlaments und des Rates vom 17. Juni 2008 über das auf vertragliche Schuldverhältnisse anzuwendende Recht

(Rom I) ([1]) bestimmt wird, so sollte die von der AS-Stelle auferlegte Lösung nicht dazu führen, dass der Verbraucher den Schutz verliert, der ihm durch die Bestimmungen gewährt wird, von denen nicht durch Vereinbarung gemäß dem Recht des Mitgliedstaats, in dem der Verbraucher seinen gewöhnlichen Aufenthalt hat, abgewichen werden darf. Liegt eine Rechtskollision vor, bei der das für den Kauf- oder Dienstleistungsvertrag geltende Recht gemäß Artikel 5 Absätze 1 bis 3 des Übereinkommens von Rom vom 19. Juni 1980 über das auf vertragliche Schuldverhältnisse anzuwendende Recht ([2]) bestimmt wird, so sollte die von der AS-Stelle auferlegte Lösung nicht dazu führen, dass der Verbraucher den Schutz verliert, der dem Verbraucher durch die zwingenden Vorschriften des Rechts des Mitgliedstaats, in dem der Verbraucher seinen gewöhnlichen Aufenthalt hat, gewährt wird.

(45) Das Recht auf einen wirksamen Rechtsbehelf und das Recht auf ein unparteiisches Gericht gehören zu den durch Artikel 47 der Charta der Grundrechte der Europäischen Union niedergelegten Grundrechten. Daher dürfen AS-Verfahren nicht so gestaltet sein, dass sie gerichtliche Verfahren ersetzen oder Verbrauchern oder Unternehmern das Recht nehmen, den Schutz ihrer Rechte vor Gericht einzufordern. Diese Richtlinie sollte die Parteien nicht daran hindern, ihr Recht auf Zugang zu den Gerichten wahrzunehmen. Konnte eine Streitigkeit nicht mit Hilfe eines bestimmten AS-Verfahrens, dessen Ergebnis nicht verbindlich ist, beigelegt werden, so sollten die Parteien in der Folge nicht daran gehindert werden, ein Gerichtsverfahren hinsichtlich dieser Streitigkeit einzuleiten. Es sollte den Mitgliedstaaten freistehen, die geeigneten Mittel zur Erreichung dieses Ziels zu wählen. Sie sollten die Möglichkeit haben, unter anderem vorzusehen, dass Verjährungsfristen nicht während eines AS-Verfahrens ablaufen.

(46) Um effizient tätig zu werden, sollten AS-Stellen über hinreichende personelle, materielle und finanzielle Ressourcen verfügen. Die Mitgliedstaaten sollten in ihren Hoheitsgebieten über die angemessene Form der Finanzierung von AS-Stellen entscheiden, ohne dabei die Finanzierung von bereits vorhandenen Stellen einzuschränken. Diese Richtlinie sollte die Frage unberührt lassen, ob AS-Stellen durch die öffentliche Hand oder privat oder durch eine Kombination aus beidem finanziert werden. AS-Stellen sollten jedoch dabei unterstützt werden, insbesondere Formen der privaten Finanzierung in Erwägung zu ziehen und eine Finanzierung durch die öffentliche Hand nur nach Ermessen der Mitgliedstaaten zu nutzen. Diese Richtlinie sollte nicht die Möglichkeit von Unternehmen und Berufs- und Wirtschaftsverbänden berühren, Finanzmittel für AS-Stellen bereitzustellen.

(47) Im Fall einer Streitigkeit müssen Verbraucher rasch herausfinden können, welche AS-Stellen für ihre Beschwerde zuständig sind und ob der betreffende Unternehmer sich an einem bei einer AS-Stelle eingeleiteten Verfahren beteiligen wird. Unternehmer, die sich verpflichten, AS-Stellen zur Beilegung von Streitigkeiten mit Verbrauchern einzuschalten, sollten die Verbraucher über die Adresse und die Website der AS-Stelle oder AS-Stellen informieren, die für sie zuständig ist bzw. sind. Die Informationen sollten klar, verständlich und leicht zugänglich sein, und zwar, sofern der Unternehmer eine Website besitzt, auf dieser Website und gegebenenfalls in den allgemeinen Geschäftsbedingungen für Kauf- oder Dienstleistungsverträge zwischen dem Unternehmer und dem Verbraucher. Die Unternehmer sollten die Möglichkeit haben, auf ihren Websites und in den allgemeinen Geschäftsbedingungen für die betreffenden Verträge zusätzliche Informationen zu ihren internen Streitbeilegungsverfahren oder zu anderen Möglichkeiten, wie sie zur Beilegung verbraucherrechtlicher Streitigkeiten ohne Einschaltung einer AS-Stelle direkt kontaktiert werden können, aufzuführen. Kann eine Streitigkeit nicht direkt beigelegt werden, sollte der Unternehmer dem Verbraucher auf Papier oder einem anderen dauerhaften Datenträger die Informationen zu den einschlägigen AS-Stellen bereitstellen und dabei angeben, ob er sie in Anspruch nehmen wird.

(48) Die Verpflichtung der Unternehmer, die Verbraucher über die AS-Stellen zu informieren, die für diese Unternehmer zuständig sind, sollte unbeschadet der Bestimmungen über die Information der Verbraucher über außergerichtliche Rechtsbehelfsverfahren in anderen Unionsrechtsakten, die zusätzlich zu den einschlägigen Informationspflichten gemäß dieser Richtlinie gelten sollten, gelten.

(49) Diese Richtlinie sollte nicht vorschreiben, dass Unternehmer sich an AS-Verfahren beteiligen müssen oder dass das Ergebnis solcher Verfahren für sie verbindlich ist, wenn ein Verbraucher eine Beschwerde gegen sie eingereicht hat. Um jedoch sicherzustellen, dass Verbraucher Zugang zu Rechtsbehelfen haben und nicht verpflichtet sind, auf ihre Ansprüche zu verzichten, sollten Unternehmer so weit wie möglich ermutigt werden, an AS-Verfahren teilzunehmen. Diese Richtlinie sollte daher nationale Rechtsvorschriften unberührt lassen, nach denen die Teilnahme von Unternehmern an solchen Verfahren verpflichtend ist oder durch Anreize oder Sanktionen gefördert wird oder die Ergebnisse der Verfahren für die Unternehmer bindend sind, sofern diese Rechtsvorschriften die Parteien nicht daran hindern, ihr Recht gemäß Artikel 47 der Charta der Grundrechte der Europäischen Union auf Zugang zum Gerichtssystem wahrzunehmen.

(50) Um einen unnötigen Aufwand für AS-Stellen zu vermeiden, sollten die Mitgliedstaaten die Verbraucher ermutigen, vor Einreichen einer Beschwerde bei einer AS-Stelle Kontakt mit dem Unternehmer aufzunehmen, um das Problem bilateral zu lösen. In vielen Fällen würde dies den Verbrauchern ermöglichen, ihre Streitigkeiten rasch und frühzeitig beizulegen.

(51) Mitgliedstaaten sollten bei der Entwicklung von AS-Systemen Vertreter von Berufsverbänden, Wirtschaftsverbänden und Verbraucherverbänden einbeziehen, insbesondere im Hinblick auf die Grundsätze der Unparteilichkeit und Unabhängigkeit.

(52) Die Mitgliedstaaten sollten dafür sorgen, dass AS-Stellen bei der Beilegung grenzübergreifender Streitigkeiten kooperieren.

([1]) ABl. L 177 vom 4.7.2008, S. 6.
([2]) ABl. L 266 vom 9.10.1980, S. 1.

(53) Netze von AS-Stellen, wie beispielsweise das Streitbeilegungs-Netzwerk für den Finanzdienstleistungssektor „FIN-NET" im Bereich der Finanzdienstleistungen, sollten innerhalb der Union gestärkt werden. Die Mitgliedstaaten sollten den Beitritt von AS-Stellen zu solchen Netzen fördern.

(54) Eine enge Zusammenarbeit zwischen AS-Stellen und nationalen Behörden sollte die wirksame Anwendung von Rechtsakten der Union im Bereich des Verbraucherschutzes stärken. Die Kommission und die Mitgliedstaaten sollten die Zusammenarbeit zwischen den AS-Stellen unterstützen, um den Austausch von bewährten Verfahren und Fachwissen zwischen AS-Stellen zu fördern und Probleme im Zusammenhang mit der Durchführung der AS-Verfahren zu diskutieren. Diese Zusammenarbeit sollte unter anderem durch das bevorstehende Verbraucherprogramm der Union unterstützt werden.

(55) Damit gewährleistet ist, dass AS-Stellen ordnungsgemäß und effektiv funktionieren, sollten sie genau überwacht werden. Zu diesem Zwecke sollte jeder Mitgliedstaat eine oder mehrere zuständige Behörden benennen, die diese Aufgabe ausführen. Die Kommission und die nach dieser Richtlinie zuständigen Behörden sollten eine Liste der dieser Richtlinie entsprechenden AS-Stellen veröffentlichen und aktualisieren. Die Mitgliedstaaten sollten gewährleisten, dass die AS-Stellen, das Europäische Netz der Verbraucherzentren und gegebenenfalls die gemäß dieser Richtlinie bezeichneten Einrichtungen diese Liste auf ihren Websites durch einen Link zur Website der Kommission und wann immer möglich auf einem dauerhaften Datenträger in ihren Räumlichkeiten veröffentlichen. Außerdem sollten die Mitgliedstaaten ebenfalls einschlägige Verbraucher- und Wirtschaftsverbände dazu ermutigen, die Liste zu veröffentlichen. Die Mitgliedstaaten sollten ferner für die angemessene Verbreitung von Informationen darüber sorgen, was Verbraucher im Fall einer Streitigkeit mit einem Unternehmer machen sollten. Außerdem sollten die zuständigen Behörden regelmäßige Berichte über die Entwicklung und das Funktionieren der AS-Stellen in ihren Mitgliedstaaten veröffentlichen. Die AS-Stellen sollten den zuständigen Behörden die spezifischen Informationen liefern, auf denen diese Berichte beruhen sollten. Die Mitgliedstaaten sollten den AS-Stellen empfehlen, sich bei der Bereitstellung dieser Informationen an die Empfehlung 2010/304/EU der Kommission vom 12. Mai 2010 zur Verwendung einer harmonisierten Methodik zur Klassifizierung und Meldung von Verbraucherbeschwerden und Verbraucheranfragen ([1]) zu halten.

(56) Es ist notwendig, dass die Mitgliedstaaten Vorschriften über Sanktionen für Verstöße gegen die zur Einhaltung dieser Richtlinie angenommenen nationalen Bestimmungen festlegen und dafür sorgen, dass diese Vorschriften durchgesetzt werden. Die Sanktionen sollten wirksam, verhältnismäßig und abschreckend sein.

(57) Im Interesse einer verstärkten grenzübergreifenden Zusammenarbeit bei der Durchsetzung dieser Richtlinie sollte die Verordnung (EG) Nr. 2006/2004 des Europäischen Parlaments und des Rates vom 27. Oktober 2004 über die Zusammenarbeit zwischen den für die Durchsetzung der Verbraucherschutzgesetze zuständigen nationalen Behörden („Verordnung über die Zusammenarbeit im Verbraucherschutz") ([2]) durch Aufnahme eines Verweises auf diese Richtlinie in ihren Anhang geändert werden.

(58) Die Richtlinie 2009/22/EG des Europäischen Parlaments und des Rates vom 23. April 2009 über Unterlassungsklagen zum Schutz der Verbraucherinteressen ([3]) (Richtlinie über Unterlassungsklagen) sollte durch Aufnahme eines Verweises auf die vorliegende Richtlinie in ihren Anhang geändert werden, damit die durch die vorliegende Richtlinie geschützten kollektiven Interessen der Verbraucher gewahrt bleiben.

(59) Gemäß der Gemeinsamen Politischen Erklärung vom 28. September 2011 der Mitgliedstaaten und der Kommission zu Erläuternden Dokumenten ([4]) haben sich die Mitgliedstaaten verpflichtet, in begründeten Fällen zusätzlich zur Mitteilung ihrer Umsetzungsmaßnahmen ein oder mehrere Dokumente zu übermitteln, in denen der Zusammenhang zwischen den Bestandteilen einer Richtlinie und den entsprechenden Teilen nationaler Umsetzungsinstrumente erläutert wird. In Bezug auf diese Richtlinie hält der Gesetzgeber die Übermittlung derartiger Dokumente für gerechtfertigt.

(60) Da das Ziel dieser Richtlinie, nämlich durch Erreichen eines hohen Verbraucherschutzniveaus ohne Einschränkung des Zugangs der Verbraucher zu den Gerichten einen Beitrag zum reibungslosen Funktionieren des Binnenmarkts zu leisten, auf Ebene der Mitgliedstaaten nicht ausreichend verwirklicht werden kann und daher besser auf Unionsebene zu verwirklichen ist, kann die Union im Einklang mit dem in Artikel 5 des Vertrags über die Europäische Union niedergelegten Subsidiaritätsprinzip tätig werden. Entsprechend dem in demselben Artikel genannten Grundsatz der Verhältnismäßigkeit geht diese Verordnung nicht über das zur Erreichung dieses Ziels erforderliche Maß hinaus.

(61) Diese Richtlinie steht im Einklang mit den Grundrechten und Grundsätzen, die insbesondere in der Charta der Grundrechte der Europäischen Union, namentlich in den Artikeln 7, 8, 38 und 47, anerkannt sind.

(62) Der Europäische Datenschutzbeauftragte wurde gemäß Artikel 28 Absatz 2 der Verordnung (EG) Nr. 45/2001 des Europäischen Parlaments und des Rates vom 18. Dezember 2000 zum Schutz natürlicher Personen bei der Verarbeitung personenbezogener Daten durch die Organe und Einrichtungen der Gemeinschaft zum freien Datenverkehr ([5]) konsultiert und hat am 12. Januar 2012 eine Stellungnahme ([6]) abgegeben —

([1]) ABl. L 136 vom 2.6.2010, S. 1.

([2]) ABl. L 364 vom 9.12.2004, S. 1.

([3]) ABl. L 110 vom 1.5.2009, S. 30.

([4]) ABl. C 369 vom 17.12.2011, S. 14.

([5]) ABl. L 8 vom 12.1.2001, S. 1.

([6]) ABl. C 136 vom 11.5.2012, S: 1.

HABEN FOLGENDE RICHTLINIE ERLASSEN:

KAPITEL I

ALLGEMEINE BESTIMMUNGEN

Artikel 1

Gegenstand

Der Zweck dieser Richtlinie ist es, durch das Erreichen eines hohen Verbraucherschutzniveaus zum reibungslosen Funktionieren des Binnenmarkts beizutragen, indem dafür gesorgt wird, dass Verbraucher auf freiwilliger Basis Beschwerden gegen Unternehmer bei Stellen einreichen können, die unabhängige, unparteiische, transparente, effektive, schnelle und faire AS-Verfahren anbieten. Diese Richtlinie berührt nicht die nationalen Rechtsvorschriften, die die Teilnahme an solchen Verfahren verbindlich vorschreiben, sofern diese Rechtsvorschriften die Parteien nicht an der Ausübung ihres Rechts auf Zugang zum Gerichtssystem hindern.

Artikel 2

Geltungsbereich

(1) Diese Richtlinie gilt für Verfahren zur außergerichtlichen Beilegung von inländischen und grenzübergreifenden Streitigkeiten über vertragliche Verpflichtungen aus Kaufverträgen oder Dienstleistungsverträgen zwischen einem in der Union niedergelassenen Unternehmer und einem in der Union wohnhaften Verbraucher durch Einschalten einer AS-Stelle, die eine Lösung vorschlägt oder auferlegt oder die Parteien mit dem Ziel zusammenbringt, sie zu einer gütlichen Einigung zu veranlassen.

(2) Diese Richtlinie gilt nicht für

a) Verfahren vor Streitbeilegungsstellen, bei denen die mit der Streitbeilegung betrauten natürlichen Personen ausschließlich von einem einzelnen Unternehmer beschäftigt oder bezahlt werden, es sei denn, dass die Mitgliedstaaten beschließen, solche Verfahren als AS-Verfahren gemäß dieser Richtlinie zu gestatten, und dass die in Kapitel II vorgesehenen Anforderungen, einschließlich der spezifischen Anforderungen an die Unabhängigkeit und Transparenz gemäß Artikel 6 Absatz 3, erfüllt sind;

b) Verfahren vor Verbraucherbeschwerdestellen, die vom Unternehmer betrieben werden;

c) nichtwirtschaftliche Dienstleistungen von allgemeinem Interesse;

d) Streitigkeiten zwischen Unternehmern;

e) direkte Verhandlungen zwischen dem Verbraucher und dem Unternehmer;

f) Bemühungen von Richtern um die gütliche Beilegung eines Rechtsstreits im Rahmen eines Gerichtsverfahrens, das diesen Rechtsstreit betrifft;

g) von Unternehmern gegen Verbraucher eingeleitete Verfahren;

h) Gesundheitsdienstleistungen, die von Angehörigen der Gesundheitsberufe gegenüber Patienten erbracht werden, um deren Gesundheitszustand zu beurteilen, zu erhalten oder wiederherzustellen, einschließlich der Verschreibung, Abgabe und Bereitstellung von Arzneimitteln und Medizinprodukten;

i) öffentliche Anbieter von Weiter- oder Hochschulbildung.

(3) Mit dieser Richtlinie werden harmonisierte Qualitätsanforderungen für AS-Stellen und AS-Verfahren festgelegt, um dafür Sorge zu tragen, dass nach ihrer Umsetzung Verbraucher unabhängig davon, wo sie sich in der Union aufhalten, Zugang zu hochwertigen, transparenten, effektiven und fairen außergerichtlichen Rechtsbehelfsverfahren haben. Die Mitgliedstaaten können über die Vorschriften dieser Richtlinie hinausgehende Regelungen beibehalten oder einführen, um ein höheres Maß an Verbraucherschutz zu gewährleisten.

(4) Mit dieser Richtlinie wird anerkannt, dass es in der Zuständigkeit der Mitgliedstaaten liegt, festzulegen, ob AS-Stellen in ihrem Hoheitsgebiet Lösungen auferlegen dürfen.

Artikel 3

Verhältnis zu anderen Unionsrechtsakten

(1) Sofern in dieser Richtlinie nichts anderes vorgesehen ist, hat in dem Fall, dass eine Bestimmung dieser Richtlinie mit einer Bestimmung eines anderen Unionsrechtsakts über von einem Verbraucher gegen einen Unternehmer eingeleitete außergerichtliche Rechtsbehelfsverfahren kollidiert, die Bestimmung dieser Richtlinie Vorrang.

(2) Die Richtlinie 2008/52/EG wird durch die vorliegende Richtlinie nicht berührt.

(3) Artikel 13 der vorliegenden Richtlinie berührt nicht die Bestimmungen über Information der Verbraucher über außergerichtliche Rechtsbehelfsverfahren in anderen Unionsrechtsakten, die zusätzlich zu jenem Artikel gelten.

Artikel 4

Begriffsbestimmungen

(1) Im Sinne dieser Richtlinie bezeichnet der Ausdruck

a) „Verbraucher" jede natürliche Person, die zu Zwecken handelt, die nicht ihrer gewerblichen, geschäftlichen, handwerklichen oder beruflichen Tätigkeit zugerechnet werden können;

b) „Unternehmer" jede natürliche oder juristische Person — unabhängig davon, ob sie in privatem oder öffentlichem Eigentum steht —, die zu Zwecken handelt, die ihrer gewerblichen, geschäftlichen, handwerklichen oder beruflichen Tätigkeit zugerechnet werden können, wobei sie dies auch durch eine in ihrem Namen oder Auftrag handelnde Person tun kann;

c) „Kaufvertrag“ jeden Vertrag, durch den der Unternehmer das Eigentum an Waren an den Verbraucher überträgt oder deren Übertragung zusagt und der Verbraucher hierfür den Preis zahlt oder dessen Zahlung zusagt, einschließlich Verträgen, die sowohl Waren als auch Dienstleistungen zum Gegenstand haben;

d) „Dienstleistungsvertrag“ jeden Vertrag, der kein Kaufvertrag ist und nach dem der Unternehmer eine Dienstleistung für den Verbraucher erbringt oder deren Erbringung zusagt und der Verbraucher hierfür den Preis zahlt oder dessen Zahlung zusagt;

e) „inländische Streitigkeit“ eine vertragliche Streitigkeit aus einem Kauf- oder Dienstleistungsvertrag, sofern der Verbraucher zum Zeitpunkt der Bestellung der Waren oder Dienstleistungen in demselben Mitgliedstaat wohnt, in dem der Unternehmer niedergelassen ist;

f) „grenzübergreifende Streitigkeit“ eine vertragliche Streitigkeit aus einem Kauf- oder Dienstleistungsvertrag, sofern der Verbraucher zum Zeitpunkt der Bestellung der Waren oder Dienstleistungen in einem anderen als dem Mitgliedstaat wohnt, in dem der Unternehmer niedergelassen ist;

g) „AS-Verfahren“ ein Verfahren im Sinne des Artikels 2, das den Anforderungen dieser Richtlinie genügt und von einer AS-Stelle durchgeführt wird;

h) „AS-Stelle“ jede Stelle, die unabhängig von ihrer Bezeichnung auf Dauer eingerichtet ist und die Beilegung einer Streitigkeit in einem AS-Verfahren anbietet und in einer Liste gemäß Artikel 20 Absatz 2 geführt wird;

i) „zuständige Behörde“ jede von einem Mitgliedstaat für die Zwecke dieser Richtlinie benannte öffentliche Stelle auf nationaler, regionaler oder lokaler Ebene.

(2) Ein Unternehmer ist dort niedergelassen, wo

— er seinen Geschäftssitz hat, falls der Unternehmer eine natürliche Person ist;

— sich sein satzungsmäßiger Sitz, seine Hauptverwaltung oder sein Geschäftssitz einschließlich einer Zweigniederlassung, Agentur oder sonstigen Niederlassung befindet, falls der Unternehmer eine Gesellschaft oder sonstige juristische Person oder eine aus natürlichen oder juristischen Personen bestehende Vereinigung ist.

(3) Eine AS-Stelle ist eingerichtet:

— wenn die Stelle von einer natürlichen Person betrieben wird, dort, wo die Stelle ihre AS-Tätigkeit ausübt;

— wenn die Stelle von einer juristischen Person oder einer aus natürlichen oder juristischen Personen bestehenden Vereinigung betrieben wird, dort, wo diese juristische Person oder die aus natürlichen oder juristischen Personen bestehende Vereinigung ihre AS-Tätigkeit ausübt;

— wenn die Stelle von einer Behörde oder sonstigen öffentlichen Einrichtung betrieben wird, dort, wo die Behörde oder sonstige öffentliche Einrichtung ihren Sitz hat;

KAPITEL II

ZUGANG ZU UND ANFORDERUNGEN AN AS-STELLEN UND AS-VERFAHREN

Artikel 5

Zugang zur AS-Stellen und AS-Verfahren

(1) Die Mitgliedstaaten erleichtern den Zugang der Verbraucher zu AS-Verfahren und sorgen dafür, dass unter diese Richtlinie fallende Streitigkeiten, an denen ein in ihrem jeweiligen Hoheitsgebiet niedergelassener Unternehmer beteiligt ist, einer AS-Stelle vorgelegt werden können, die den Anforderungen dieser Richtlinie genügt.

(2) Die Mitgliedstaaten sorgen dafür, dass AS-Stellen

a) eine laufend aktualisierte Website unterhalten, die den Parteien einen einfachen Zugang zu den Informationen über das AS-Verfahren bietet und es Verbrauchern ermöglicht, Beschwerden und die erforderlichen einschlägigen Dokumente online einzureichen;

b) den Parteien auf Antrag die Informationen gemäß Buchstabe a auf einem dauerhaften Datenträger zur Verfügung stellen;

c) es den Verbrauchern gegebenenfalls ermöglichen, Beschwerden offline einzureichen;

d) den Austausch von Informationen zwischen den Parteien auf elektronischem Wege oder gegebenenfalls auf dem Postweg ermöglichen;

e) sowohl inländische als auch grenzübergreifende Streitigkeiten akzeptieren, und zwar auch Streitigkeiten, die unter die Verordnung (EU) Nr. 524/2013 fallen, und

f) in Verfahren zur Beilegung von unter diese Richtlinie fallenden Streitigkeiten die notwendigen Maßnahmen treffen, um dafür zu sorgen, dass die Verarbeitung personenbezogener Daten im Einklang mit den nationalen Rechtsvorschriften zur Umsetzung der Richtlinie 95/46/EG des Mitgliedstaats erfolgt, in dem die AS-Stelle eingerichtet ist.

(3) Die Mitgliedstaaten können ihrer Verpflichtung nach Absatz 1 dadurch nachkommen, dass sie für die Einrichtung einer ergänzenden AS-Stelle sorgen, die für diejenigen in jenem Absatz genannten Streitigkeiten zuständig ist, für deren Beilegung keine bereits existierende AS-Stelle zuständig ist. Die Mitgliedstaaten können dieser Verpflichtung auch nachkommen, indem sie sich auf AS-Stellen mit Sitz in einem anderen Mitgliedstaat oder regionale, länderübergreifende oder europaweite AS-Stellen stützen, wenn Unternehmer aus unterschiedlichen Mitgliedstaaten in den Zuständigkeitsbereich derselben AS-Stelle fallen, unbeschadet ihrer Verantwortung zur Gewährleistung der vollständigen Abdeckung und des Zugangs zu AS-Stellen.

(4) Die Mitgliedstaaten können nach ihrem Ermessen den AS-Stellen gestatten, Verfahrensregeln beizubehalten und einzuführen, die es ihnen erlauben, die Bearbeitung einer Beschwerde abzulehnen, wenn

a) der Verbraucher nicht zuerst versucht hat, Kontakt mit dem betreffenden Unternehmer aufzunehmen, um seine Beschwerde zu erörtern und die Angelegenheit unmittelbar mit dem Unternehmer zu lösen;

b) die Streitigkeit mutwillig oder schikanös ist;

c) die Streitigkeit von einer anderen AS-Stelle oder einem Gericht behandelt wird oder bereits behandelt worden ist;

d) der Streitwert unter oder über einem im Voraus festgelegten Schwellenbetrag liegt;

e) der Verbraucher die Beschwerde nicht innerhalb einer im Voraus festgelegten Frist, die mindestens ein Jahr nach dem Zeitpunkt, zu dem der Verbraucher die Beschwerde beim Unternehmer eingereicht hat, beträgt, bei der AS-Stelle eingereicht hat;

f) die Behandlung dieser Art von Streitigkeit den effektiven Betrieb der AS-Stelle ansonsten ernsthaft beeinträchtigen würde.

Ist eine AS-Stelle gemäß den Verfahrensregeln nicht in der Lage, eine bei ihr eingereichte Beschwerde zu behandeln, so übermittelt die betreffende AS-Stelle beiden Parteien innerhalb von drei Wochen nach Eingang der Beschwerdeakte eine Erklärung, in der die Gründe angegeben sind, aus denen sie die Streitigkeit nicht behandeln kann.

Solche Verfahrensregeln dürfen den Zugang der Verbraucher zu AS-Verfahren, einschließlich im Fall von grenzübergreifenden Streitigkeiten, nicht erheblich beeinträchtigen.

(5) Die Mitgliedstaaten sorgen dafür, dass AS-Stellen — wenn es ihnen gestattet ist, im Voraus festgelegte Schwellenbeträge zu verwenden, um den Zugang zu AS-Verfahren zu beschränken — die Schwellenbeträge nicht in einer Höhe festsetzen, in der sie den Zugang der Verbraucher zur Bearbeitung von Beschwerden durch AS-Stellen erheblich beeinträchtigen.

(6) Ist eine AS-Stelle nach den Verfahrensregeln gemäß Absatz 4 nicht in der Lage, eine ihr vorgelegte Beschwerde zu behandeln, so ist ein Mitgliedstaat nicht verpflichtet, dafür zu sorgen, dass der Verbraucher seine Beschwerde bei einer anderen AS-Stelle einreichen kann.

(7) Ist eine AS-Stelle, die Streitigkeiten in einem speziellen Wirtschaftssektor bearbeitet, die zuständige Stelle für die Behandlung von Streitigkeiten, die einen Unternehmer betreffen, der in diesem Sektor tätig, aber nicht Mitglied der Organisation oder des Verbands ist, die/der die AS-Stelle eingerichtet hat oder Finanzmittel für sie bereitstellt, so gilt, dass der Mitgliedstaat seine Pflicht nach Absatz 1 — auch in Bezug auf Streitigkeiten, die diesen Unternehmer betreffen — erfüllt hat.

Artikel 6

Fachwissen, Unabhängigkeit und Unparteilichkeit

(1) Die Mitgliedstaaten sorgen dafür, dass die mit AS betrauten natürlichen Personen über das erforderliche Fachwissen verfügen und unabhängig und unparteiisch sind. Dies ist dadurch zu gewährleisten, dass sichergestellt wird, dass diese Personen

a) über das Wissen und die Fähigkeiten verfügen, die für die Arbeit im Bereich der AS oder der gerichtlichen Beilegung verbraucherrechtlicher Streitigkeiten erforderlich sind, sowie ein allgemeines Rechtsverständnis besitzen;

b) für einen Zeitraum berufen werden, der ausreichend lang ist, um die Unabhängigkeit ihres Handelns zu gewährleisten, und nicht ohne triftigen Grund ihres Amtes enthoben werden können;

c) an keine Weisungen einer Partei oder ihrer Vertreter gebunden sind;

d) in einer Weise vergütet werden, die nicht mit dem Ergebnis des Verfahrens im Zusammenhang steht;

e) der AS-Stelle unverzüglich alle Umstände offenlegen, die ihre Unabhängigkeit und Unparteilichkeit beeinträchtigen oder Interessenkonflikte mit einer der Parteien der Streitigkeit, die sie beilegen sollen, entstehen lassen könnten oder diesen Eindruck erwecken könnten. Die Verpflichtung zur Offenlegung solcher Umstände gilt ununterbrochen während des gesamten AS-Verfahrens. Sie gilt nicht, wenn die AS-Stelle nur aus einer natürlichen Person besteht.

(2) Die Mitgliedstaaten sorgen dafür, dass AS-Stellen über Verfahren verfügen, mit denen sichergestellt wird, dass — falls Umstände nach Absatz 1 Buchstabe e vorliegen —

a) die betreffende natürliche Person durch eine andere natürliche Person ersetzt wird, die mit der Durchführung des AS-Verfahrens betraut wird, oder anderenfalls

b) die betreffende natürliche Person auf die Durchführung des AS-Verfahrens verzichtet und, soweit möglich, die AS-Stelle den Parteien vorschlägt, eine andere entsprechend befugte AS-Stelle mit der Streitigkeit zu befassen; oder anderenfalls

c) die Umstände den Parteien offengelegt werden und die betreffende natürliche Person nur dann ermächtigt wird, das AS-Verfahren fortzusetzen, wenn die Parteien keine Einwände erhoben haben, nachdem sie über die Umstände und über ihr Recht, Einwände zu erheben, unterrichtet wurden.

Dieser Absatz lässt Artikel 9 Absatz 2 Buchstabe a unberührt.

Besteht die AS-Stelle nur aus einer natürlichen Person, gilt allein Unterabsatz 1 Buchstaben b und c dieses Absatzes.

(3) Wenn Mitgliedstaaten beschließen, Verfahren gemäß Artikel 2 Absatz 2 Buchstabe a als AS-Verfahren gemäß dieser Richtlinie zu gestatten, so sorgen sie dafür, dass diese Verfahren zusätzlich zu den allgemeinen Anforderungen gemäß den Absätzen 1 und 5 den folgenden spezifischen Anforderungen genügen:

a) Die mit der Streitbeilegung betrauten natürlichen Personen werden von einem kollegialen Gremium ernannt oder gehören einem solchen an, das sich aus jeweils der gleichen Anzahl von Vertretern von Verbraucherverbänden und von Vertretern des Unternehmers zusammensetzt, und werden nach einem transparenten Verfahren ernannt;

b) die Amtszeit der mit der Streitbeilegung betrauten natürlichen Personen beträgt mindestens drei Jahre, damit die Unabhängigkeit ihres Handelns gewährleistet ist;

c) die mit der Streitbeilegung betrauten natürlichen Personen verpflichten sich, für einen Zeitraum von drei Jahren nach Ablauf ihrer in der Streitbeilegungsstelle zurückgelegten Amtszeit weder für den Unternehmer noch für einen Berufs- oder Wirtschaftsverband, dessen Mitglied der Unternehmer ist, tätig zu sein;

d) die Streitbeilegungsstelle hat keine hierarchische oder funktionale Beziehung zu dem Unternehmer und ist von den betrieblichen Einheiten des Unternehmers eindeutig getrennt und ihr steht für die Wahrnehmung ihrer Aufgaben ein ausreichender Haushalt, der vom allgemeinen Haushalt des Unternehmers getrennt ist, zur Verfügung.

(4) Wenn die mit der AS betrauten natürlichen Personen ausschließlich von einem Berufs- oder Wirtschaftsverband, dessen Mitglied der Unternehmer ist, beschäftigt oder vergütet werden, sorgen die Mitgliedstaaten dafür, dass ihnen zusätzlich zu den allgemeinen Anforderungen gemäß den Absätzen 1 und 5 ein getrennter zweckgebundener Haushalt in ausreichender Höhe für die Erfüllung ihrer Aufgaben zur Verfügung steht.

Dieser Absatz gilt nicht, wenn die betreffenden natürlichen Personen einem kollegialen Gremium angehören, das mit einer jeweils gleichen Anzahl von Vertretern des Berufs- oder Wirtschaftsverbands, von dem sie beschäftigt oder vergütet werden, und von Verbraucherverbänden besetzt ist.

(5) Die Mitgliedstaaten sorgen dafür, dass AS-Stellen, bei denen die mit der Streitbeilegung betrauten natürlichen Personen einem kollegialen Gremium angehören, mit einer jeweils gleichen Anzahl von Vertretern der Verbraucherinteressen und von Vertretern der Unternehmerinteressen besetzt sind.

(6) Für die Zwecke von Absatz 1 Buchstabe a ermutigen die Mitgliedstaaten die AS-Stellen dazu, Schulungen für die mit AS betrauten natürlichen Personen zur Verfügung zu stellen. Werden solche Schulungen zur Verfügung gestellt, so überwachen die zuständigen Behörden die von den AS-Stellen erstellten Schulungsprogramme auf der Grundlage der Informationen, die ihnen gemäß Artikel 19 Absatz 3 Buchstabe g übermittelt werden.

Artikel 7

Transparenz

(1) Die Mitgliedstaaten sorgen dafür, dass AS-Stellen auf ihren Websites, auf Anfrage auf einem dauerhaften Datenträger sowie auf jede andere Weise, die sie für geeignet halten, in eindeutiger und leicht verständlicher Weise folgende Informationen öffentlich zugänglich machen:

a) ihre Kontaktangaben, einschließlich Postanschrift und E-Mail-Adresse;

b) die Tatsache, dass die AS-Stellen in einer Liste gemäß Artikel 20 Absatz 2 geführt sind;

c) welche natürlichen Personen mit der AS betraut sind, wie sie ernannt werden und wie lange ihre Amtszeit dauert;

d) das Fachwissen, die Unparteilichkeit und die Unabhängigkeit der mit der AS betrauten Personen, wenn sie ausschließlich von dem Unternehmer beschäftigt oder vergütet werden;

e) gegebenenfalls ob sie Netzwerken von AS-Stellen zur Erleichterung grenzübergreifender Streitbeilegung angehören;

f) für welche Arten von Streitigkeiten sie zuständig sind, einschließlich etwaiger Schwellenwerte;

g) welche Verfahrensregeln für die Beilegung einer Streitigkeit gelten sowie die Gründe, aus denen eine AS-Stelle im Einklang mit Artikel 5 Absatz 4 es ablehnen kann, eine bestimmte Streitigkeit zu bearbeiten;

h) in welchen Sprachen Beschwerden bei der AS-Stelle eingereicht werden können und in welchen Sprachen das AS-Verfahren geführt wird;

i) auf welche Regelungen sich die AS-Stelle bei der Streitbeilegung stützen kann (zum Beispiel Rechtsvorschriften, Billigkeitserwägungen, Verhaltenskodizes);

j) welche Vorbedingungen die Parteien gegebenenfalls erfüllen müssen, damit ein AS-Verfahren eingeleitet werden kann, einschließlich der Bedingung, dass der Verbraucher versucht haben muss, die Angelegenheit unmittelbar mit dem Unternehmer zu lösen;

k) ob die Parteien das Verfahren abbrechen können;

l) die Kosten, die gegebenenfalls von den Parteien zu tragen sind, einschließlich der Regelungen zur Kostentragung am Ende des Verfahrens;

m) die durchschnittliche Dauer des AS-Verfahrens;

n) die Rechtswirkung des Ergebnisses des AS-Verfahrens, einschließlich gegebenenfalls der Sanktionen bei Nichtbefolgung im Fall einer die Parteien bindenden Entscheidung;

o) gegebenenfalls die Vollstreckbarkeit der AS-Entscheidung.

(2) Die Mitgliedstaaten sorgen dafür, dass AS-Stellen auf ihren Websites, auf Anfrage auf einem dauerhaften Datenträger sowie auf jede andere Weise, die sie für geeignet halten, jährliche Tätigkeitsberichte öffentlich zugänglich machen. Diese Berichte enthalten folgende Informationen sowohl zu inländischen als auch zu grenzübergreifenden Streitigkeiten:

a) Anzahl der eingegangenen Streitigkeiten und Art der Beschwerden, auf die sie sich beziehen;

b) systematische oder signifikante Problemstellungen, die häufig auftreten und zu Streitigkeiten zwischen Verbrauchern und Unternehmern führen; diese Informationen können von Empfehlungen begleitet sein, wie derartige Probleme in Zukunft vermieden oder gelöst werden können, um die Standards der Unternehmer zu erhöhen und den Austausch von Informationen und bewährten Praktiken zu fördern;

c) Prozentsatz der Streitigkeiten, deren Bearbeitung eine AS-Stelle abgelehnt hat und prozentualer Anteil der verschiedenen Gründe für eine solche Ablehnung gemäß Artikel 5 Absatz 4;

d) bei den in Artikel 2 Absatz 2 Buchstabe a genannten Verfahren den jeweiligen Prozentsatz der zugunsten des Verbrauchers und zugunsten des Unternehmers vorgeschlagenen oder auferlegten Lösungen und der durch gütliche Einigung gelösten Streitigkeiten;

e) Prozentsatz der AS-Verfahren, die ergebnislos abgebrochen wurden und, sofern bekannt, die Gründe für den Abbruch;

f) durchschnittlicher Zeitaufwand für die Lösung von Streitigkeiten;

g) sofern bekannt, Prozentsatz der Fälle, in denen sich die Parteien an die Ergebnisse der AS-Verfahren gehalten haben;

h) gegebenenfalls Zusammenarbeit der AS-Stellen mit Netzwerken von AS-Stellen, die die Beilegung grenzübergreifender Streitigkeiten erleichtern.

Artikel 8

Effektivität

Die Mitgliedstaaten sorgen dafür, dass AS-Verfahren effektiv sind und die folgenden Anforderungen erfüllen:

a) Das AS-Verfahren ist für beide Parteien online und offline verfügbar und leicht zugänglich, und zwar unabhängig davon, wo sie sind;

b) die Parteien haben Zugang zu dem Verfahren, ohne einen Rechtsanwalt oder einen Rechtsberater beauftragen zu müssen, aber das Verfahren nimmt den Parteien nicht das Recht auf unabhängige Beratung oder darauf, sich in jedem Verfahrensstadium von einem Dritten vertreten oder unterstützen zu lassen;

c) das AS-Verfahren ist für Verbraucher entweder kostenlos oder gegen eine Schutzgebühr zugänglich;

d) die AS-Stelle, bei der eine Beschwerde eingereicht wurde, benachrichtigt die Parteien der Streitigkeit, sobald sie alle Unterlagen mit den erforderlichen Informationen zur Beschwerde erhalten hat;

e) das Ergebnis des AS-Verfahrens ist binnen 90 Kalendertagen nach Eingang der vollständigen Beschwerdeakte bei der AS-Stelle verfügbar. Bei hoch komplexen Streitigkeiten kann die mit der Beilegung betraute AS-Stelle die Frist von 90 Kalendertagen nach eigenem Ermessen verlängern. Die Parteien sind von jeder Verlängerung dieser Frist und von der zu erwartenden Zeitspanne bis zur Beilegung der Streitigkeit zu unterrichten.

Artikel 9

Fairness

(1) Die Mitgliedstaaten sorgen dafür, dass in AS-Verfahren

a) die Parteien die Möglichkeit haben, innerhalb einer angemessenen Frist ihre Meinung zu äußern, von der AS-Stelle die von der Gegenpartei vorgebrachten Argumente, Beweise, Unterlagen und Fakten sowie etwaige Feststellungen und Gutachten von Experten zu erhalten und hierzu Stellung nehmen zu können;

b) die Parteien darüber unterrichtet werden, dass sie keinen Rechtsanwalt oder Rechtsberater beauftragen müssen, sich jedoch in jedem Verfahrensstadium von unabhängiger Seite beraten oder von einer dritten Partei vertreten oder unterstützen lassen können;

c) den Parteien das Ergebnis des AS-Verfahrens schriftlich oder auf einem dauerhaften Datenträger mitgeteilt wird und sie eine Darlegung der Gründe, auf denen es basiert, erhalten.

(2) Die Mitgliedstaaten sorgen dafür, dass in AS-Verfahren, die auf eine Beilegung der Streitigkeit durch Vorschlag einer Lösung abzielen,

a) die Parteien in jedem Stadium die Möglichkeit haben, das Verfahren abzubrechen, wenn sie die Durchführung oder den Ablauf des Verfahrens für unbefriedigend erachten. Sie müssen vor Einleitung des Verfahrens von diesem Recht unterrichtet werden. Wenn nationale Rechtsvorschriften eine verpflichtende Teilnahme des Unternehmers an AS-Verfahren vorsehen, gilt dieser Buchstabe ausschließlich für den Verbraucher;

b) die Parteien über Folgendes informiert werden, bevor sie einer vorgeschlagenen Lösung zustimmen oder diese befolgen:

i) dass sie die Wahl haben, der vorgeschlagenen Lösung zuzustimmen oder diese zu befolgen oder nicht;

ii) dass die Beteiligung an dem Verfahren die Möglichkeit nicht ausschließt, die Durchsetzung ihrer Rechte vor Gericht zu suchen;

iii) dass die vorgeschlagene Lösung anders sein kann als das Ergebnis eines Gerichtsverfahrens, in dem Rechtsvorschriften angewandt werden;

c) die Parteien über die Rechtswirkungen informiert werden, die die Zustimmung zu einer vorgeschlagenen Lösung oder die Befolgung einer vorgeschlagenen Lösung hat, bevor sie einer vorgeschlagenen Lösung zustimmen oder diese befolgen;

d) den Parteien eine angemessene Überlegungsfrist eingeräumt wird, bevor sie einer vorgeschlagenen Lösung oder einer gütlichen Einigung zustimmen.

(3) Sehen AS-Verfahren im Einklang mit nationalem Recht vor, dass ihre Ergebnisse für den Unternehmer verbindlich werden, sobald der Verbraucher die vorgeschlagene Lösung akzeptiert hat, so gilt Artikel 9 Absatz 2 nur für den Verbraucher.

Artikel 10

Handlungsfreiheit

(1) Die Mitgliedstaaten stellen sicher, dass eine Vereinbarung zwischen einem Verbraucher und einem Unternehmer darüber, Beschwerden bei einer AS-Stelle einzureichen, für den Verbraucher nicht verbindlich ist, wenn sie vor dem Entstehen der Streitigkeit getroffen wurde und wenn sie dazu führt, dass dem Verbraucher das Recht entzogen wird, die Gerichte zur Beilegung des Streitfalls anzurufen.

(2) Die Mitgliedstaaten stellen sicher, dass bei AS-Verfahren, bei denen die Streitigkeit durch das Auferlegen einer verbindlichen Lösung beigelegt werden soll, die auferlegte Lösung nur dann verbindlich für die Parteien sein kann, wenn die Parteien vorher über den verbindlichen Charakter der Lösung informiert wurden und sie dies ausdrücklich akzeptiert haben. Die ausdrückliche Zustimmung des Unternehmers ist nicht erforderlich, wenn in den nationalen Rechtsvorschriften bestimmt ist, dass die Lösungen für die Unternehmer verbindlich sind.

Artikel 11

Rechtmäßigkeit

(1) Die Mitgliedstaaten sorgen dafür, dass in AS-Verfahren, bei denen die Streitigkeit mittels einer dem Verbraucher auferlegten Lösung beigelegt werden soll,

a) die auferlegte Lösung — sofern keine Rechtskollision vorliegt — nicht dazu führen darf, dass der Verbraucher den Schutz verliert, der ihm durch die Bestimmungen gewährt wird, von denen nicht durch Vereinbarung gemäß dem Recht des Mitgliedstaats, in dem der Verbraucher und der Unternehmer ihren gewöhnlichen Aufenthalt haben, abgewichen werden darf;

b) die von der AS-Stelle auferlegte Lösung — sofern eine Rechtskollision vorliegt, bei der das für den Kauf- oder Dienstleistungsvertrag geltende Recht gemäß Artikel 6 Absätze 1 und 2 der Verordnung (EG) Nr. 593/2008 bestimmt wird — nicht dazu führen darf, dass der Verbraucher den Schutz verliert, der ihm durch die Bestimmungen gewährt wird, von denen nicht durch Vereinbarung gemäß dem Recht des Mitgliedstaats, in dem er seinen gewöhnlichen Aufenthalt hat, abgewichen werden darf;

c) die von der AS-Stelle auferlegte Lösung — sofern eine Rechtskollision vorliegt, bei der das für den Kauf- oder Dienstleistungsvertrag geltende Recht gemäß Artikel 5 Absätze 1 bis 3 des Übereinkommens von Rom vom 19. Juni 1980 über das auf vertragliche Schuldverhältnisse anzuwendende Recht bestimmt wird — nicht dazu führen darf, dass der Verbraucher den Schutz verliert, der ihm durch die zwingenden Vorschriften des Rechts des Mitgliedstaats, in dem er seinen gewöhnlichen Aufenthalt hat, gewährt wird.

(2) Für die Zwecke dieses Artikels wird der „gewöhnliche Aufenthalt" nach Maßgabe der Verordnung (EG) Nr. 593/2008 bestimmt.

Artikel 12

Auswirkung von AS-Verfahren auf Verjährungsfristen

(1) Die Mitgliedstaaten stellen sicher, dass die Parteien, die zur Beilegung einer Streitigkeit AS-Verfahren in Anspruch nehmen, deren Ergebnis nicht verbindlich ist, im Anschluss daran nicht durch den Ablauf der Verjährungsfristen während des AS-Verfahrens daran gehindert werden, in Bezug auf dieselbe Streitigkeit ein Gerichtsverfahren einzuleiten.

(2) Absatz 1 gilt unbeschadet der Bestimmungen über die Verjährung in internationalen Übereinkommen, denen die Mitgliedstaaten angehören.

KAPITEL III

INFORMATION UND KOOPERATION

Artikel 13

Information der Verbraucher durch Unternehmer

(1) Die Mitgliedstaaten sorgen dafür, dass in ihrem Hoheitsgebiet niedergelassene Unternehmer die Verbraucher über die AS-Stelle oder AS-Stellen in Kenntnis setzen, von der/denen diese Unternehmer erfasst werden, sofern diese Unternehmer sich verpflichten oder verpflichtet sind, diese Stellen zur Beilegung von Streitigkeiten mit Verbrauchern einzuschalten. Zu dieser Information gehört die Website-Adresse der betreffenden AS-Stelle oder AS-Stellen.

(2) Die in Absatz 1 genannten Informationen werden auf der Website des Unternehmers — soweit vorhanden — und gegebenenfalls in den allgemeinen Geschäftsbedingungen für Kauf- oder Dienstleistungsverträge zwischen dem Unternehmer und einem Verbraucher in klarer, verständlicher und leicht zugänglicher Weise aufgeführt.

(3) Die Mitgliedstaaten sorgen dafür, dass in den Fällen, in denen eine Streitigkeit zwischen einem Verbraucher und einem in ihrem Hoheitsgebiet niedergelassenen Unternehmer im Anschluss an das direkte Einreichen einer Beschwerde durch den Verbraucher beim Unternehmer nicht beigelegt werden konnte, der Unternehmer dem Verbraucher die Informationen gemäß Absatz 1 bereitstellt und dabei angibt, ob er die einschlägigen AS-Stellen zur Beilegung der Streitigkeit nutzen wird. Diese Informationen werden auf Papier oder einem anderen dauerhaften Datenträger bereitgestellt.

Artikel 14

Unterstützung für Verbraucher

(1) Die Mitgliedstaaten sorgen dafür, dass die Verbraucher bei Streitigkeiten, die sich aus grenzübergreifenden Kauf- und Dienstleistungsverträgen ergeben, Unterstützung erhalten können, um in einem anderen Mitgliedstaat die AS-Stelle zu finden, die für ihre grenzübergreifende Streitigkeit zuständig ist.

(2) Die Mitgliedstaaten übertragen die Zuständigkeit für die in Absatz 1 genannte Aufgabe ihren Zentren des Europäischen Netzes der Verbraucherzentren, Verbraucherverbänden oder jeder anderen Einrichtung.

Artikel 15

Allgemeine Informationen

(1) Die Mitgliedstaaten sorgen dafür, dass die AS-Stellen, die Zentren des Europäischen Netzes der Verbraucherzentren und gegebenenfalls die gemäß Artikel 14 Absatz 2 benannten Einrichtungen auf ihren Websites durch einen Link zur Website der Kommission und, wann immer möglich, auf einem dauerhaften Datenträger in ihren Räumlichkeiten die in Artikel 20 Absatz 4 genannte Liste der AS-Stellen öffentlich zugänglich machen.

(2) Die Mitgliedstaaten regen an, dass einschlägige Verbraucher- und Wirtschaftsverbände auf ihren Websites und in jeder anderen Weise, die sie für geeignet halten, die in Artikel 20 Absatz 4 genannte Liste der AS-Stellen öffentlich zugänglich machen.

(3) Die Kommission und die Mitgliedstaaten sorgen für eine angemessene Verbreitung der Informationen darüber, wie die Verbraucher Zugang zu AS-Verfahren zur Beilegung von Streitigkeiten im Rahmen dieser Richtlinie erhalten können.

(4) Die Kommission und die Mitgliedstaaten ergreifen flankierende Maßnahmen, um die Verbraucher- und Berufsverbände zu ermutigen, auf Unions- und auf nationaler Ebene die Kenntnis von AS-Stellen und ihren Verfahren zu verbessern und die Inanspruchnahme von AS durch Unternehmer und Verbraucher zu fördern. Diese Vereinigungen werden ferner ermutigt, den Verbrauchern Informationen über die zuständigen AS-Stellen bereitzustellen, wenn Verbraucher sich mit Beschwerden an sie wenden.

Artikel 16

Kooperation und Erfahrungsaustausch zwischen AS-Stellen

(1) Die Mitgliedstaaten sorgen dafür, dass AS-Stellen bei der Beilegung grenzübergreifender Streitigkeiten kooperieren und sich regelmäßig über bewährte Verfahren zur Beilegung von grenzübergreifenden und inländischen Streitigkeiten austauschen.

(2) Die Kommission unterstützt und erleichtert die Vernetzung nationaler AS-Stellen sowie den Austausch und die Verbreitung ihrer bewährten Verfahren und Erfahrungen.

(3) Gibt es für einen bestimmten Sektor auf Ebene der Union ein Netzwerk von AS-Stellen zur Erleichterung der Beilegung grenzübergreifender Streitigkeiten, so fördern die Mitgliedstaaten den Beitritt von AS-Stellen, die sich mit Streitigkeiten aus diesem Sektor befassen, zu diesem Netzwerk.

(4) Die Kommission veröffentlicht eine Liste mit den Namen und Kontaktangaben der in Absatz 3 genannten Netzwerke. Die Kommission aktualisiert diese Liste, sobald dies erforderlich ist.

Artikel 17

Kooperation zwischen AS-Stellen und den für die Durchsetzung der Unionsrechtsakte über Verbraucherschutz zuständigen nationalen Behörden

(1) Die Mitgliedstaaten sorgen dafür, dass AS-Stellen und nationale Behörden, die für die Durchsetzung der Unionsrechtsakte über Verbraucherschutz der Union zuständig sind, miteinander kooperieren.

(2) Diese Kooperation umfasst insbesondere den Austausch von Informationen über Geschäftspraktiken in spezifischen Wirtschaftssektoren, über die wiederholt Beschwerden von Verbrauchern eingegangen sind. Dazu gehört auch, dass die betreffenden nationalen Behörden technische Bewertungen und Informationen zur Verfügung stellen, wenn diese für die Bearbeitung individueller Streitigkeiten erforderlich und bereits verfügbar sind.

(3) Die Mitgliedstaaten sorgen dafür, dass die Kooperation und der Informationsaustausch gemäß den Absätzen 1 und 2 den Bestimmungen der Richtlinie 95/46/EG über den Schutz personenbezogener Daten entsprechen.

(4) Dieser Artikel gilt unbeschadet der Bestimmungen über das Berufs- und Geschäftsgeheimnis, die für nationale Behörden gelten, die Unionsrechtsakte über Verbraucherschutz durchsetzen. Die AS-Stellen unterliegen der beruflichen Geheimhaltungspflicht oder gleichwertigen Verpflichtungen zur Vertraulichkeit gemäß den Rechtsvorschriften der Mitgliedstaaten, in denen sie eingerichtet sind.

KAPITEL IV

ROLLE DER ZUSTÄNDIGEN BEHÖRDEN UND DER KOMMISSION

Artikel 18

Benennung der zuständigen Behörden

(1) Jeder Mitgliedstaat benennt eine zuständige Behörde, die die in den Artikeln 19 und 20 genannten Aufgaben ausübt. Jeder Mitgliedstaat kann mehr als eine zuständige Behörde benennen. In diesem Fall legt er fest, welche der zuständigen Behörden die zentrale Anlaufstelle für die Kommission ist. Jeder Mitgliedstaat teilt der Kommission die zuständige Behörde oder gegebenenfalls die zuständigen Behörden mit, einschließlich der zentralen Anlaufstelle, die er benannt hat.

(2) Die Kommission erstellt eine Liste der ihr gemäß Absatz 1 gemeldeten zuständigen Behörden, in der gegebenenfalls auch die zentralen Anlaufstellen aufgeführt sind, und veröffentlicht diese Liste im *Amtsblatt der Europäischen Union*.

Artikel 19

Informationen, die den zuständigen Behörden von den Streitbeilegungsstellen mitzuteilen sind

(1) Die Mitgliedstaaten sorgen dafür, dass in ihrem Hoheitsgebiet eingerichtete Streitbeilegungsstellen, die als AS-Stellen gemäß dieser Richtlinie angesehen und in eine Liste gemäß Artikel 20 Absatz 2 aufgenommen werden möchten, der zuständigen Behörde Folgendes mitteilen:

a) ihren Namen, Kontaktangaben und Website-Adresse;

b) Informationen zu ihrer Struktur und Finanzierung, darunter Informationen zu den mit Streitbeilegung betrauten natürlichen Personen sowie dazu, wie sie vergütet werden, wie lange ihre Amtszeit ist und von wem sie beschäftigt werden;

c) ihre Verfahrensregeln;

d) gegebenenfalls ihre Gebühren;

e) die durchschnittliche Dauer des Streitbeilegungsverfahrens;

f) in welchen Sprachen Beschwerden eingereicht werden können und in welchen Sprachen das Streitbeilegungsverfahren geführt werden kann;

g) eine Erklärung zu den Arten von Streitigkeiten, die unter das Streitbeilegungsverfahren fallen;

h) die Gründe, aus denen die Streitbeilegungsstelle die Bearbeitung einer bestimmten Streitigkeit gemäß Artikel 5 Absatz 4 ablehnen kann;

i) eine mit Gründen versehene Erklärung dazu, ob die Stelle als in den Geltungsbereich dieser Richtlinie fallende AS-Stelle zu qualifizieren ist und ob sie die Qualitätsanforderungen nach Kapitel II erfüllt.

Ergeben sich Änderungen hinsichtlich der in den Buchstaben a bis h genannten Informationen, so teilen die AS-Stellen der zuständigen Behörde diese Änderungen ohne unnötige Verzögerung mit.

(2) Wenn die Mitgliedstaaten beschließen, Verfahren gemäß Artikel 2 Absatz 2 Buchstabe a zuzulassen, sorgen sie dafür, dass AS-Stellen, die solche Verfahren durchführen, der zuständigen Behörde neben den Angaben und Erklärungen gemäß Absatz 1 auch die Informationen übermitteln, die erforderlich sind, um die Einhaltung der besonderen zusätzlichen Anforderungen an die Unabhängigkeit und Transparenz nach Artikel 6 Absatz 3 zu beurteilen.

(3) Die Mitgliedstaaten sorgen dafür, dass AS-Stellen den zuständigen Behörden alle zwei Jahre Informationen über Folgendes mitteilen:

a) Anzahl der eingegangenen Streitigkeiten und Art der Beschwerden, auf die sie sich beziehen;

b) Prozentsatz der AS-Verfahren, die ergebnislos abgebrochen wurden;

c) durchschnittlicher Zeitaufwand bei der Lösung der eingegangenen Streitfälle;

d) sofern bekannt, Prozentsatz der Fälle, in denen sich die Parteien an die Ergebnisse der AS-Verfahren gehalten haben;

e) systematische oder signifikante Problemstellungen, die häufig auftreten und zu Streitigkeiten zwischen Verbrauchern und Unternehmern führen. Die diesbezüglichen Informationen können von Empfehlungen begleitet sein, wie derartige Probleme in Zukunft vermieden oder gelöst werden können;

f) gegebenenfalls eine Einschätzung der Effektivität ihrer Kooperation mit Netzwerken von AS-Stellen zur Erleichterung grenzübergreifender Streitbeilegung;

g) gegebenenfalls Schulungen für die natürlichen Personen, die mit AS betraut sind, gemäß Artikel 6 Absatz 6;

h) eine Einschätzung der Effektivität des von der betreffenden Stelle angebotenen AS-Verfahrens und der Möglichkeiten zur Verbesserung ihrer Leistungsfähigkeit.

Artikel 20

Rolle der zuständigen Behörden und der Kommission

(1) Jede zuständige Behörde beurteilt insbesondere aufgrund der Informationen, die sie gemäß Artikel 19 Absatz 1 erhalten hat, ob die ihr gemeldeten Streitbeilegungsstellen als AS-Stellen im Sinne dieser Richtlinie anzusehen sind und die Qualitätsanforderungen von Kapitel II und von nationalen Durchführungsbestimmungen, einschließlich nationaler Bestimmungen, die — im Einklang mit dem Unionsrecht — über die Anforderungen dieser Richtlinie hinausgehen, erfüllen.

(2) Jede zuständige Behörde erstellt auf der Grundlage der Beurteilung gemäß Absatz 1 eine Liste sämtlicher AS-Stellen, die ihr gemeldet wurden und bei denen die in Absatz 1 genannten Bedingungen erfüllt sind.

Die Liste enthält folgende Angaben:

a) Name, Kontaktangaben und Website-Adressen der im ersten Unterabsatz genannten AS-Stellen;

b) gegebenenfalls ihre Gebühren;

c) in welchen Sprachen Beschwerden bei der AS-Stelle eingereicht werden können und in welchen Sprachen das AS-Verfahren geführt werden kann;

d) die Arten von Streitigkeiten, die unter das AS-Verfahren fallen;

e) die Sektoren und Kategorien der Streitigkeiten, die von jeder AS-Stelle abgedeckt werden;

f) gegebenenfalls Notwendigkeit der Anwesenheit der Parteien oder ihrer Vertreter, einschließlich der Erklärung der AS-Stelle, ob das AS-Verfahren als mündliches oder schriftliches Verfahren durchgeführt wird oder durchgeführt werden kann;

g) Verbindlichkeit oder Unverbindlichkeit des Verfahrensergebnisses und

h) die Gründe, aus denen die AS-Stelle die Bearbeitung einer bestimmten Streitigkeit gemäß Artikel 5 Absatz 4 ablehnen kann.

Jede zuständige Behörde übermittelt der Kommission die im ersten Unterabsatz dieses Absatzes genannte Liste. Werden der zuständigen Behörde Änderungen gemäß Artikel 19 Absatz 1 Unterabsatz 2 mitgeteilt, so wird diese Liste ohne unnötige Verzögerung aktualisiert und die Kommission entsprechend informiert.

Erfüllt eine gemäß dieser Richtlinie als AS-Stelle in einer Liste geführte Streitbeilegungsstelle die Anforderungen gemäß Absatz 1 nicht mehr, so nimmt die zuständige Behörde Kontakt mit dieser Streitbeilegungsstelle auf, teilt ihr mit, welche Anforderungen sie nicht erfüllt, und fordert sie auf, für deren unverzügliche Erfüllung zu sorgen. Erfüllt die Streitbeilegungsstelle nach Ablauf einer Frist von drei Monaten immer noch nicht die Anforderungen gemäß Absatz 1 dieses Artikels, so streicht die zuständige Behörde die Streitbeilegungsstelle von der in Unterabsatz 1 dieses Absatzes genannten Liste. Diese Liste wird ohne unnötige Verzögerung aktualisiert und die Kommission wird entsprechend informiert.

(3) Hat ein Mitgliedstaat mehr als eine zuständige Behörde benannt, so werden die Liste und ihre Aktualisierungen gemäß Absatz 2 der Kommission über die in Artikel 18 Absatz 1 genannte zentrale Anlaufstelle übermittelt. Diese Liste und diese Aktualisierungen beziehen sich auf alle AS-Stellen, die in dem betreffenden Mitgliedstaat eingerichtet sind.

(4) Die Kommission erstellt eine Liste der ihr gemäß Absatz 2 gemeldeten AS-Stellen und aktualisiert diese Liste bei jeder Mitteilung von Änderungen. Die Kommission macht diese Liste und ihre Aktualisierungen auf ihrer Website und auf einem dauerhaften Datenträger öffentlich zugänglich. Die Kommission übermittelt diese Liste und ihre Aktualisierungen den zuständigen Behörden. Hat ein Mitgliedstaat eine einzige Anlaufstelle gemäß Artikel 18 Absatz 1 benannt, übermittelt die Kommission die Liste und ihre Aktualisierungen der einzigen Anlaufstelle.

(5) Jede zuständige Behörde macht die konsolidierte Liste der in Absatz 4 genannten AS-Stellen auf ihrer Website öffentlich zugänglich, indem sie einen Link zu der entsprechenden Website der Kommission einstellt. Zusätzlich macht jede zuständige Behörde diese konsolidierte Liste auf einem dauerhaften Datenträger öffentlich zugänglich.

(6) Spätestens 9. Juli 2018 und danach alle vier Jahre veröffentlicht jede zuständige Behörde einen Bericht über die Entwicklung und die Arbeitsweise von AS-Stellen und übermittelt ihn der Kommission. Dieser Bericht umfasst insbesondere

a) eine Beschreibung der bewährten Verfahren von AS-Stellen;

b) gegebenenfalls eine statistisch belegte Darlegung der Unzulänglichkeiten, die das Funktionieren von AS-Stellen zur Beilegung sowohl inländischer als auch grenzübergreifender Streitigkeiten behindern;

c) gegebenenfalls Empfehlungen dazu, wie das effektive und effiziente Funktionieren von AS-Stellen verbessert werden könnte.

(7) Hat ein Mitgliedstaat gemäß Artikel 18 Absatz 1 mehr als eine zuständige Behörde benannt, so wird der Bericht gemäß Absatz 6 dieses Artikels von der zentralen Anlaufstelle gemäß Artikel 18 Absatz 1 veröffentlicht. Dieser Bericht bezieht sich auf alle AS-Stellen, die in dem betreffenden Mitgliedstaat eingerichtet sind.

KAPITEL V

SCHLUSSBESTIMMUNGEN

Artikel 21

Sanktionen

Die Mitgliedstaaten legen fest, welche Sanktionen bei einem Verstoß gegen die insbesondere gemäß Artikel 13 erlassenen nationalen Vorschriften zu verhängen sind, und treffen die zu deren Durchsetzung erforderlichen Maßnahmen. Die vorgesehenen Sanktionen müssen wirksam, verhältnismäßig und abschreckend sein.

Artikel 22

Änderung der Verordnung (EG) Nr. 2006/2004

Im Anhang der Verordnung (EG) Nr. 2006/2004 wird folgende Nummer angefügt:

„20. Richtlinie 2013/11/EU des Europäischen Parlaments und des Rates vom 21. Mai 2013 über die alternative Beilegung verbraucherrechtlicher Streitigkeiten (ABl. L 165 vom 18.6.2013, S. 63): Artikel 13."

Artikel 23

Änderung der Richtlinie 2009/22/EG

In Anhang I der Richtlinie 2009/22/EG wird folgende Nummer angefügt:

„14. Richtlinie 2013/11/EU des Europäischen Parlaments und des Rates vom 21. Mai 2013 über die alternative Beilegung verbraucherrechtlicher Streitigkeiten (ABl. L 165 vom 18.6.2013, S. 63): Artikel 13."

Artikel 24

Mitteilungen

(1) Bis zum 9. Juli 2015 teilen die Mitgliedstaaten der Kommission Folgendes mit:

a) gegebenenfalls Namen und Kontaktangaben der gemäß Artikel 14 Absatz 2 benannten Einrichtungen und

b) die gemäß Artikel 18 Absatz 1 benannten zuständigen Behörden, einschließlich gegebenenfalls der zentralen Anlaufstelle.

Die Mitgliedstaaten teilen der Kommission etwaige spätere Änderungen dieser Angaben mit.

(2) Bis zum 9. Januar 2016 übermitteln die Mitgliedstaaten der Kommission die erste Liste gemäß Artikel 20 Absatz 2.

(3) Die Kommission übermittelt den Mitgliedstaaten die in Absatz 1 Buchstabe a genannten Informationen.

Artikel 25

Umsetzung

(1) Die Mitgliedstaaten setzen die erforderlichen Rechts- oder Verwaltungsvorschriften in Kraft, um dieser Richtlinie spätestens am 9. Juli 2015 nachzukommen. Sie teilen der Kommission unverzüglich den Wortlaut dieser Rechtsvorschriften mit.

Bei Erlass dieser Vorschriften nehmen die Mitgliedstaaten in den Vorschriften selbst oder durch einen Hinweis bei der amtlichen Veröffentlichung auf diese Richtlinie Bezug. Die Mitgliedstaaten regeln die Einzelheiten dieser Bezugnahme.

(2) Die Mitgliedstaaten teilen der Kommission den Wortlaut der wichtigsten nationalen Rechtsvorschriften mit, die sie auf dem unter diese Richtlinie fallenden Gebiet erlassen.

Artikel 26

Bericht

Bis zum 9. Juli 2019 und danach alle vier Jahre übermittelt die Kommission dem Europäischen Parlament, dem Rat und dem Europäischen Wirtschafts- und Sozialausschuss einen Bericht über die Anwendung dieser Richtlinie. In diesem Bericht wird auf die Entwicklung und Nutzung von AS-Stellen sowie auf die Auswirkungen dieser Richtlinie auf Verbraucher und Unternehmer, insbesondere auf die Kenntnis der Verbraucher und die Akzeptanz durch die Unternehmer, eingegangen. Diesem Bericht sind gegebenenfalls Vorschläge zur Änderung dieser Richtlinie beizufügen.

Artikel 27

Inkrafttreten

Diese Richtlinie tritt am zwanzigsten Tag nach ihrer Veröffentlichung im *Amtsblatt der Europäischen Union* in Kraft.

Artikel 28

Adressaten

Diese Richtlinie ist an die Mitgliedstaaten gerichtet.

Geschehen zu Straßburg am 21. Mai 2013.

Im Namen des Europäischen Parlaments	*Im Namen des Rates*
Der Präsident	*Die Präsidentin*
M. SCHULZ	L. CREIGHTON